괴짜 물리학자와 삐딱한 법학자
형제의

공부 논쟁

김대식 + 김두식 지음

창비

은근히 괜찮은 동업자 형에게, "시한폭탄이어도 괜찮아"

　마지막 대담과 사진촬영을 마쳤습니다. 이제 끝인가봅니다. 후회가 밀려옵니다. 아무리 믿을 만한 사람이라도 동업은 피해야 하는데 어쩌다 형하고 공동작업을 하게 됐을까. 고개를 돌려 형을 보니 언제나처럼 태평한 얼굴로 딴짓을 하고 있군요. 늘 극단으로 자신을 밀어붙여온 그에게 이 정도 과제는 도전 축에도 끼지 못할 겁니다. 과연 그는 동업을 할 만큼 믿을 수 있는 사람인가? 대답이 쉽지 않네요. 아마도 아닌 것 같습니다.

　제가 만약 형과 같은 학과의 동료 교수였다면? 헐. 상상도 하기 싫습니다. 저는 직장에서 단 한번도 분란을 만들어본 적이 없습니다. 밖에 나가 사회적으로 어떤 강한 주장을 펼치든 직장 안에서는 말을 아꼈습니다. 학내문제를 해결할 에너지면 정권도 바꿀 수 있다는 농담도 자주 했습니다. 가까운 사람과의 충돌은 그만큼 많은 에너지를 요한다는 의미였습니다.

형은 저와 다릅니다. 옳다고 믿으면 누구와의 싸움도 피하지 않습니다. 언젠가 형이 서울대 물리학과 사무실에 붙어 있는 종이 한장을 사진으로 찍어 보낸 적이 있습니다. 중요 공직에 진출한 선배 교수의 휴직기간 연장에 관한 찬반 투표 결과였습니다. 학과의 모든 교수들이 왼쪽 '찬성'에 서명하고 단 한명만이 오른쪽 '반대'에 이름을 올렸습니다. 사진을 보고 피식 웃었습니다. 형의 동료들은 얼마나 피곤할까. 그러나 웃음은 잠깐. 곧 걱정이 밀려왔습니다. 저러다가 찍히면 어떻게 하나. 무의미한 일에 왜 목숨을 거나. 한숨과 함께 저의 잔소리가 시작되었습니다.

어려서부터 그랬습니다. 제 눈에 비친 형은 무의미한 싸움을 즐기는 사람이었습니다. 입에는 쌍욕을 달고 동네 친구들과 주먹다짐을 밥 먹듯이 했습니다. 집안 대대 이어온 기독교 전통도 가볍게 무시했지요. 형이 안팎으로 사고를 치고 다닐 때마다 아버지는 "우리 집에서 어떻게 저런 자식이 나왔는지 모르겠다"라며 한탄하셨습니다. "형제의 순서가 바뀐 것 같다"라는 얘기도 백번은 들은 것 같습니다. 지나치게 모범생이었던 아버지에게 큰아들은 그만큼 버거운 선물이었습니다. 제게도 그랬습니다.

지난 20년간 저는 '형을 지키는 자'였습니다. 적어도 제 생각에는 그랬습니다. 아버지와 형 사이에서 중재자 노릇을 하는 틈틈이 한국사회가 얼마나 무서운 곳인지를 이야기했습니다. 말 한마디로 인생이 무너진 사람들 이야기를 들려줌으로써 형의 입을 단속하기도 했죠. 물론 먹혀들지 않았습니다. 걱정이 많은 저의 눈에 비친 형은 항상 시한폭탄이었습니다. 살벌한 사회에서 어떤 주장을 펼치려면 논리적으로 치밀하게 준비하고 반론에 대한 충분한 대비를 해야 하는데, 형은 그런 작업에 아무 관심이 없었습니다. 전략전술도 동지도 없었습니다. 누구하고도 의논하지 않고 아무 데나 글을 썼습니다. 일찌감치 동성동본 간의 혼인 허용, 호주제 폐지를 이야기했고 "부모성 같이 쓰기는 뭐하러 하나?"라며 엄마성 따라 쓰기를 주장했습니다. 친구를 꾀어 함께 탑골공원에 나가 설문조사를 하고, 그 결과를 국제 저널에 발표해 우리나라 포경수술 실태를 고발하기도 했습니다. 이 일로 호주에서 국제인권상도 받았습니다. 물리학자치고는 희한한 행보였고 잠깐 화제가 되기도 했으나 곧 사람들의 기억에서 사라졌습니다. 형의 주장에 상당 부분 동의하면서도 저는 그런 좌충우돌로는 사회가 바뀌지 않는다고 믿었습니다.

2003년 봄 연구년을 마치고 막 귀국한 형은 '주한 미군 사령관에게'라는 칼럼을 써서 졸지에 '꼴통보수'의 상징이 되었습니다. 학생들이 수업거부를 할 거라는 소문이 들렸고 부모님의 걱정이 하늘을 찔렀습니다. 그러나 형은 역시 천하태평. 우리 집을 찾아와 '원산폭격' 자세를 취하더니 사진을 찍어달라고 했습니다. "이번 일로 학생들이 너무 힘을 잃을 것 같아서 일단 같이 웃고 실험을 시작해야겠다. 내가 사람들에게 비판받고, 너한테 씹히고, 부모님과 아내에게도 혼나고 있으니 거의 원산폭격당하는 신세 아니냐? 실상을 보여줘야지. 사진이 잘 나오면 『딴지일보』에도 보내야겠다." 기가 찼지만 저는 사진을 찍어주었고, 다음 날 저녁 가족에 대한 무거운 책임감으로 인터넷에 글을 올렸습니다. 형의 일면만 보지 말아달라는 변명의 글이었습니다. 마음속으로는 정말 지긋지긋했습니다. '제발 그만 좀 해라. 형은 언제나 이런 식이야!' 어쨌든 그 일을 계기로 거의 매주 형과 함께 산에 오르며 이야기를 나누게 되었습니다. 김대식이라는 폭탄에서 뇌관을 제거하는 시간이었습니다. 운동을 싫어하던 제게는 적지 않은 희생이었습니다. 적어도 제 생각에는 그랬습니다.

40대 중반을 지나면서 평생 지속해온 모범생 노릇이 조금씩 지겨워졌습니다. 집안에서 짊어진 무거운 책임에서 벗어나고 싶었습니다. 이상하게도 형과 하는 등산에 솔솔 재미가 붙었습니다. 심야에 동네 뒷산에 혼자 올라가는 횟수도 늘어났지요. 홀로 야간 등반을 즐기는 형에게 "낮에 가면 되지 않냐. 왜 위험을 자초하냐"라고 타박하던 저로서는 큰 변화였습니다. 조금씩 형이 보이기 시작했습니다. 요약하자면 이렇습니다.

우선 지나치게 모범적인 집안 분위기가 형에게 답답한 틀이었을 수 있습니다. 정답으로 가득 찬 교사 집안에서 생존하기 위해 위악을 선택했는지도 모릅니다. 주변을 신경 쓰지 않는 대신 놀라운 집중력을 유지했습니다. 한방을 쓰던 시절 저는 거의 매일 밤을 새우던 중학생 김대식의 무시무시한 저돌성을 지켜봤습니다. 두려움 없는 태도는 타고난 것이어도 실력만은 철저한 노력의 결과였습니다. 주변에서 벌어지는 작은 불의와 그때그때 맞서 싸우는 용기도 멋있었습니다. 매번 싸움의 의미를 물으며 뒤로 물러서는 저보다 훨씬 훌륭한 태도였습니다. 그리고 이 모든 장단점이 결합해 흔히 보기 힘든 직관력을 만들었습니다. 형 자신의 표현을 빌리자면 일종의 '무당'이 된 겁니다.

내친 김에 『욕망해도 괜찮아』(창비 2012)에서 이런 형 얘기를 조금 털어놓았습니다. 형에게 들은 이야기도 써먹었죠. "창의성은 영재교육을 통해 혹은 과학고에서 키워지는 게 아니다. 창의성은 근본적으로 남과 다를 수 있는 용기다." 반응이 좋았습니다. 문득 제가 형을 지켜온 게 아니라 형이 저를 지켜왔는지도 모르겠다는 생각이 들었습니다. 형 덕분에 매번 저의 주장을 다른 각도로 점검할 수 있었기 때문입니다. 제가 정의감에 들떠 일방적인 주장을 펼치려 할 때마다 형은 "통계적으로 증명이 되는 얘기냐?"라는 식의 질문으로 뇌관을 제거했습니다. 그뿐인가요. 제가 떠들고 다닌 이야기의 상당 부분은 형과의 대화에서 나온 것이었습니다. 처음 말한 사람, 저작권자의 크레디트를 잘 인정하지 않는 사회라고 불평하곤 했는데, 저 역시 가끔 형의 지혜를 빨아먹고 살아온 셈입니다. 형에게 미안한 마음이 들었습니다. 편하게 서로 막 던진 이야기들이 그나마 우리를 남과 좀 다른 과학자와 법률가로 만든 것 같다는 생각도 했습니다.

형하고 나눈 이야기들을 전해들을 때마다 출판사 친구들이 반색을 했습니다. 농담처럼 시작한 출판계획에 금방 살이 붙었고 더이상 되돌리기 힘든 지경이 됐습니다. 다행히 형이 흔쾌히 동의했습니다. 그렇게 시작된 대화의 결과물이 바로 이 책입니다. 차이점을 살짝살짝 비껴가며 이야기를 이어가니 의외로 공통점이 많았습니다. 굳이 논쟁에서 이겨야 한다는 강박이 없었기 때문에 가능한 일이었습니다.

두 사람의 차이를 선명하게 보여주고자 정치 이야기로 첫 장을 열었지만 이 책의 대부분은 공부, 엘리트, 탁월성에 관한 고정관념을 깨는 내용을 담고 있습니다. 우리나라에서 노벨상이 나오지 못하는 이유, 장원급제 DNA와 장인 DNA의 차이, 과장된 이공계 위기, 영재교육의 문제점 등을 이야기하다보니 논의는 자연스럽게 비평준화 시대의 경기고와 현재의 특목고로 상징되는 엘리트주의의 한계로 모아졌고, 고교 평준화, 대입 단순화, 서울대 개혁이라는 대안으로 이어졌습니다. 창의성과 우수성을 키우는 가장 효율적인 방법은 평등이라는 공통된 인식 위에서, 인생이 결정되는 시기가 현재의 15세에서 적어도 20대 중반으로 늦춰져야 한다는 우리 형제의 주장이 독자들에게 잘 전달되기를 희망합니다.

다시 옆자리의 형을 봅니다. 거친 말로 화제가 된 유명인들의 얼굴이 떠오릅니다. 예상되는 당연한 비판 몇개도 머리를 스칩니다. 미리 안전망을 쳐두어야겠다는 생각으로 이런저런 문장을 적는데 어깨너머로 흘끗 쳐다본 형이 한마디 던집니다. "야, 변명 좀 그만해. 그것도 습관이야. 욕먹을 때는 그냥 먹어야지!" 한 문단을 지웁니다. 이제 그만 써야겠습니다. 형도 은근히 괜찮은 동업자 같습니다. 어쨌든 우리는 하고 싶은 이야기를 했습니다. 그걸로 충분히 만족스럽습니다.

기획단계에서 우리 형제를 열심히 설득해준 창비의 염종선 국장님, 황혜숙 선생님, 제목부터 편집까지 창의적인 의견으로 우리를 여러번 놀라게 한 윤동희 선생님, 고맙습니다. 매번 사진 촬영이 끝난 후에도 우리 얘기가 재미있다며 자리를 떠나지 않으셨던 사진작가 이영균 선생님께도 감사드립니다.

김영란 전 대법관과 부패방지 대책을 논의한 『이제는 누군가 해야 할 이야기』, 『한겨레』에 연재한 인터뷰를 묶은 『다른 길이 있다』에 이어 이 책은 저의 세번째 대담집입니다. 남의 이야기를 열심히 정리하는 작업은 이걸로 마지막입니다. 다시 저의 목소리를 내는 삶으로 돌아갑니다. 긴 여정을 함께해주신 독자들 덕분에 행복했습니다.

2014년 4월
김두식

| 차례 |

5장
하버드대 한국 분교 교수들

6장
장원급제 DNA, 장인 DNA

7장

경기고, 삥삥이, 특목고

8장

새로운 공부를 제안한다

1장

—

형제 격돌, 엘리트주의에 칼을 대다

"그래서 동생네 편이
진 거예요"

弟
두식 제가 태어난 순간부터 애증의 눈으로 저를 지켜봤던 형과 공적인 이야기를 나누려니 정말 어색합니다. 갓 태어난 저의 배 위에 형이 자기 발을 얹고 "밟을까 말까" 매일 심각하게 고민했다는 얘기는 우리 집에서 꽤 유명하거든요. (웃음) 늘 반말 쓰는 형에게 갑자기 존댓말을 쓰는 것도 불편하고요. 그래도 독자들 입장을 생각해서 이 정도 불편은 감수해야겠죠.

명절 때 가족끼리도 결코 해서는 안 되는 게 정치, 종교 이야기인데 그 금기부터 한번 깨보죠. 지난 대선 후에 형이 저에게 이번 선거에서 진보진영은 박근혜 대통령을 '박정희 딸'로 몰아붙인 것 말고 도대체 뭘 했느냐고 물은 적이 있어요. 진보진영에 대해서는 '운동권 기득권자'의 한계를 확인할 수 있었다는 이야기도 하셨죠. 그 말을 듣고 저는 형에게 '운동권 기득권자'에 대한 반감이 있는 건가 하는 생각이 먼저 들더라고요. 제가 오해한 건가요?

兄 대식   '운동권 기득권자'에 대한 반감이라… 이게 바로 요즘에 유행한다는 돌직구 질문인가요? (웃음) 서울대−운동권−강남좌파로 이어지는 사람들에 대한 거부감이 있는 건 맞아요. 평소에는 엄청나게 폼을 잡던 강남좌파 진보 교수들이 막상 보금자리주택이나 행복주택처럼 저소득층을 위한 아파트가 자기 동네에 들어서면 완전히 침묵하잖아요. 찬성도 반대도 아니고 그냥 침묵이야! 그런 꼴을 보기 싫습니다.

弟 두식   강남좌파들이 보금자리주택이나 행복주택에 대해 완전히 침묵했는지는 모르겠지만, 저를 보면 적어도 무관심했던 것은 사실이에요. 얼마 전 우연히 이 문제를 다룬 방송을 보기 전까지 박대통령의 공약에 행복주택이 들어 있는지도 몰랐습니다. 대중교통이 편리한 철도부지와 도심 유휴부지를 활용해서 5년간 총 20만 가구를 지어 공급하겠다는 상당히 야심 찬 계획이더군요. 철로 위에 기차역을 짓고 거기에 아파트가 올라간다는 아이디어가 신선했습니다. 도심이라 새카맣게 먼지가 끼고 철로

의 흔들림을 느낄 수도 있겠지만 새 출발한 젊은 부부 입장에서는 일단 교통이 편리해서 출퇴근에 이롭겠더라고요.

철도부지에 짓는 건 문제가 없는데, 도심 유휴부지가 문제더군요. 특히 목동, 송파, 잠실 같은 곳에서는 주민들의 반대가 극심합니다. 저소득층 아파트가 들어와서 집값이 떨어질까 걱정하는 거죠. 막상 당사자들은 교통대란, 학급 과밀화, 주거환경 악화를 반대 이유로 들고요. 반대하는 분들에게 방송 마이크를 들이대니 모두들 정책 자체에는 찬성하지만 여기는 안 된다고 얘기하는 것이 인상적이었어요. 교통량이 너무 많아 가구 수가 늘어나면 길이 더 막힌다는 거예요. 목동에 타워팰리스 같은 엄청나게 높은 주상복합 건물이 들어서는 것에 반대하는 사람이 없는 것과 비교되는 현상입니다.

결국 부자들이 사는 아파트가 들어오는 것은 괜찮지만 가난한 사람들이 들어와서 집값을 떨어뜨리면 안 된다는 얘기죠. 학습환경이 나빠지면 바로 집값이 떨어진다는 믿음도 영향을 끼쳤을 거예요. 학군과 집값이 늘 함께 가잖아요.

🔶 미국은 흑인과 백인을 나누어서 교육하던 분리정책을
대식　철폐할 때 앨라배마주에서 반대하니까 케네디 대통령이 주방위군을 투입했어요.* 진짜 진보라면 옳은 일에 그 정도 의지를 보여줘야 합니다.

행복주택에 대한 주민들의 저항도 일종의 차별입니다. 가난에 대한 차별은 인종차별만큼이나 악질적이에요. 그 님비^{NIMBY} 현상 앞에서, 차별 앞에서, 강남과 목동에 사는 진보 교수들은 왜 조용히 있는 거야! 자기가 잘살고 있으니까 자기 삶을 흔드는 얘기는 하지 않아요. 저는 진보 엘리트들의 그런 면이 싫은 겁니다. 선거 때 진보라고 나오는 사람들에게서 늘 그런 냄새를 맡아요. 저는 그들을 믿지 않습니다. 그런 자들을 절대 찍지 않습니다.

弟
두식　　형이 뭘 말하려고 하는지는 압니다만 진보에 그런 부정적인 측면만 있는 것은 아니에요. 민주주의와 인권을 지키는 데 기여한 부분을 무시할 수 없죠. 진보 엘리트들의 한계에도 불구하고 저는 박정희, 전두환처럼 인권을 침해하고 민주주의를 파괴한 독재자들의 뒤를 잇는 사람들에게 표를 주지는 못하겠더라고요.

兄
대식　　운동권 애들하고 술을 마셔도 제가 훨씬 더 많이 마셨을 겁니다. 동생은 아예 술을 마시지 않으니까 그 친구들의 실체를 알 수가 없어요. 저도 대학교 1, 2학년 때에는 시위에 나가 돌도 많이 던졌어요. '국풍 81'에 항의하러 여의도까지

● 흑백 통합교육을 반대하는 미국 남부 주에서 흑인 학생들의 대학 진학을 방해하고, 심지어 1963에는 앨라배마주 주지사가 등교를 막는 사태까지 발생하자 케네디 대통령은 주방위군을 투입해 문제를 해결했다.

나간 일도 있어요. 그 시절에 운동권의 모순을 충분히 보고 느꼈어요. 단적으로 말해서 지금 진보니 운동권이니 큰 목소리 내는 사람 중에 서울대, 연·고대 안 나온 사람이 몇명이나 됩니까? 다른 대학 출신들은 모두 어디를 갔냐고요. 저는 그걸로 얘기는 끝났다고 생각해요. 시대의 억압에 맞서서 감옥에 간 걸 얘기하지만, 다른 대학 애들은 감옥에 갈 기회도 갖지 못한 거예요.

근본적으로 상대가 누구든 한수 가르쳐주겠다고 달려드는 태도가 문제입니다. 우리 때 많이 가던 농활을 생각해보세요. 어릴 때부터 공부는 잘하니까 어딜 가든 대접받고 자란 애들이 자기들 부모 세대인 농민들을 가르치겠다고 나선 거예요. 대학교 나왔으니까, 서울대, 연·고대 나왔으니까 남을 가르칠 자격이 있다고 착각한 거죠. 농민 분들이 대학생들보다 현실을 모른다고 누가 그럽디까? 저는 그런 계몽주의가 소름 끼칠 정도로 끔찍했어요.

진보가 가진 계몽주의적 태도의 배후에는 엘리트주의와 위선이 함께 자리 잡고 있습니다. 좋은 소리만 내뱉으면서 행동은 따라가지 못하는 사람들이에요. 동생처럼 독립적인 사고를 하는 사람이 왜 그쪽 사람들하고 노는지 모르겠어요. 맨날 한쪽 방향으로만 몰려다니는 사람들이잖아요. 얼굴만 다르지 다들 똑같은 소리만 해요. 무슨 사건이 터지든 그들 중 누구에게 마이크를 들이대도 똑같은 얘기! 그쪽 진영에서 살아남기 위해서는 늘 그렇게 몰려다녀야 하는 건가요?

지난 선거 때 페이스북이나 트위터를 보면 교수들이 "이번에 투표하면 밥을 사주겠다, 책을 주겠다" 같은 글을 올리곤 했는데, 저는 그것도 불편합니다. 그런 글만 올라오면 '좋아요'를 백 번씩 천번씩 받아요. 대부분 문재인 후보를 지지하는 교수들이었어요. 그분들은 젊은 사람이라면 당연히 문재인 후보를 찍을 거라고 생각합니다. 말은 그리하지 않아도 그런 전제를 이미 깔고 있어요. 젊은 사람 중에 박근혜 후보를 찍으려는 사람이 적어도 30퍼센트는 있었을 텐데, 그들은 말도 꺼내지 못해요. 식당에 가도, 술집에 가도 실제로는 7 대 3인 비율이 10 대 0으로 나타납니다. 전체적인 분위기 때문에 젊은 사람들은 박근혜 지지하는 티를 내지 못하는 거예요. 대학이라면 학생들에게 지금까지 믿어온 것을 모두 0으로 돌리고 독자적으로 사고하는 법, 홀로 서는 법을 가르쳐야 해요. 그런데 진보라는 교수들은 젊은 사람들을 한 방향으로 몰아갑니다. 그러면서 또 젊은 사람들의 눈치를 봐요. 서로 눈치를 보는 거야!

그런 교수들 대부분이 반항이라고는 해본 적이 없는 모범생들이에요. 그때그때 시류에 따르던 애들이 대학에 들어가보니까 전체 분위기가 리버럴이잖아요. 그래서 자기도 리버럴이 된 교수들일 뿐이에요. 투표하면 밥을 사주겠다? 박근혜 찍고 와서 밥 사달라고 해도 순순히 밥을 사줄까요? 결국은 문재인을 찍은 학생들, 자기 말 잘 듣는 착한 아이들에게만 밥을 사주겠다는 이야기입니다. 근본적으로 자기가 속한 환경과 싸우지 않으려는 비겁한 교수들이에요. 어디를 가든 늘 좋은 소리만 듣고 싶어하는 사람들이죠. 심지어 자기가 가르쳐야 하는 학생들에게까지.

물론 저도 과거에 민주화운동했던 사람들에게 높은 점수를 주고 싶습니다. 그 사람들은 엄청난 피해를 감수하면서 자기 목소리를 냈기 때문입니다. 불시에 붙잡혀가서 고문당하고 심지어 죽을 수도 있는 상황에서 그들이 한 일을 무시할 수는 없어요. 하지만 요즘 진보 지식인들에게 과연 그런 용기와 독립성이 있는지 모르겠어요. 별로 위험한 상황도 아닌데 마치 유신시대인 것처럼 폼만 잡는 사람이 너무 많아요. 지금이 유신이나 전두환 때랑 똑같나요? 동생도 그때 살아봐서 알잖아? 상황을 너무 과장하면 안 돼요.

弟 두식 박정희, 전두환 시대처럼 주먹으로 통치하는 것은 아니죠. 그러나 정보의 왜곡이나 독점을 통해 더 위험한 상황이 만들어지고 있습니다. 그걸 지적하는 건 지식인의 의무예요. 박정희, 전두환 시대부터 지금까지 꾸준히 같은 목소리를 내는 사람들도 많습니다. 진보적인 지식인 중에는 과거 독재정권 하에서 개인적인 불이익을 본 분들도 많고요.

兄 대식 그 사람들의 공을 무시하는 게 아니에요. 지금 현재 그들이 어떤 모습이냐는 거지. 그렇게 훌륭한 사람들이 왜 시민들의 지지를 얻지 못하는 걸까요? 사람들은 진보인사들

진보가 가진 계몽주의적 태도의 배후에는
엘리트주의와 위선이 함께 자리 잡고 있습니다.

정보의 왜곡이나 독점을 통해
더 위험한 상황이 만들어지고 있습니다.
그걸 지적하는 건 지식인의 의무예요.

의 과장된 몸짓을 싫어해요. 그걸 알아야 해.

박정희와 전두환을 동일선상에 두는 것도 문제예요. 박정희는 옛 경기고의 기득권을 평준화로 무너뜨린 사람입니다. 제가 끔찍하게 싫어하는 전두환하고는 비교할 수 없어요. 박정희 딸인 박근혜에게 투표했다고 내가 보수예요? 차별에는 케네디 같은 의지를 보여줘야 한다는 내 목소리도 보수예요? 전두환을 싫어하고 노무현에게 투표했던 김대식이 독립적인 사고를 거쳐서 박근혜에게 투표했어요. 그게 문제될 게 있습니까? 지난 선거 내내 박근혜 공격한다고 유신 얘기 반복하는 사람들이 지긋지긋했어요. 그건 연좌제 아닌가요? 딸이 대통령하겠다는데, 진보라는 사람들이 왜 계속 그 아버지 얘기만 해요? 그래서 동생네 편이 진 거예요.

자기 생각 없는
편 가르기

弟
두식 육영수 여사가 서거한 다음에는 박근혜 씨가 실제로 영부인 역할을 하기도 했잖아요. 유신과 무관한 사람이라고는 볼 수 없죠. 국민을 위해서라기보다는 아버지의 명예를 회복하기 위해서 정치에 뛰어든 것도 문제예요. 아버지에 기대서 표를 얻는 행태를 보이기 때문에 아버지랑 엮어서 비판할 수밖에 없고요. 민주주의와 인권을 무너뜨리는 데 일익을 담당한 사람들이 대통령부터 모든 요직을 차지한 현실은 아주 잘못된 겁니다. 잘못된 역사의 반복을 막는 것은 지난 세월 죄 없이 희생된 사람들에 대한 최소한의 예의예요.

다만 지난 선거에서 유신 얘기를 너무 많이 한 건 패착이었어요. 유신시대를 몸으로 겪었던 세대 중에 박근혜 지지자가 많은데, 그분들에게 "당신들이 몰라서 그렇지 유신시대는…"이라고 젊은 사람들이 계속 이야기하는 게 우습기는 했죠. 진보세력이 집권하면 이런 살기 좋은 세상이 열린다는 걸 보여주지 못했어요. 미래를 얘기하지 못하고 계속 과거 얘기를 했던 것도 아이러니라면 아이러니고요.

우리나라에서 어떤 한 사람을 너무 쉽게 보수나 진보로 낙인찍는 것도 문제이기는 해요. 형은 호주제 폐지 논의가 일반화되기 전에 여러차례 혼자 그런 주장을 펼쳤잖아요. 엄마성 따라 쓰기를 주장한 적도 있고, 포경수술 반대운동으로 미국 NGO가 주는 국제인권상을 받기도 했어요. 남북문제와 관련해서 보수적인 발언을 몇번 하면서 그런 진보적인 주장은 사람들의 기억에서 완전히 사라졌죠. 진영이 뚜렷이 갈린 상황에서 상대방 편으로 분류된 사람에게는 어떤 크레디트도 줄 수 없게 된 건데 안타까운 일이에요.

兄 인정받자고 한 일은 아니라서 상관없어요. 그냥 저의
대식

생각을 말한 거니까요. 제가 호주제 폐지와 엄마성 따라 쓰기를 주장했다고 저를 진보로 분류하는 것도 곤란해요. 사람이 진영에 갇히는 순간 생각의 독립성을 잃게 됩니다. 자기 목소리를 잃는 거죠. 지식인을 자처하면서 진영 논리를 들먹여서는 안 돼요. 진영에 들어가는 게 안정적이기는 하겠죠. 자기 편을 얻는 거니까요. 자기 편이 생기면 위기상황에서도 평화를 누릴 수 있죠. 싸움에 지치면 자기 편으로 돌아가서 쉴 수 있어요. 그러나 자기 목소리를 잃은 사람은 지식인이 아니에요. 욕을 아무리 먹어도 자기 생각을 있는 그대로 펼칠 수 있어야 지식인입니다.

호주제를 반대했다고 해서 박근혜를 싫어하는 게 당연하다고 생각한다면, 그것도 엄청난 구속이에요. 저는 그런 모든 구속이 싫습니다. 내가 가진 모든 걸 빼앗더라도 내 생각은 빼앗을 수 없습니다. 자기 생각을 한다는 건 그만큼 소중한 거예요. 교수, 박사, 변호사 이런 타이틀이 없어도 술자리 친구 몇명에게 자기 의견을 자유롭게 말할 수 있다면 자유인이에요. 이름 뒤에 무슨 대단한 타이틀이 걸려 있다 해도 어떤 상황이 무서워서 말을 못 하면 그건 자유인이 아니죠. 생각의 자유를 이야기하는 사람들 중에 의외로 진영 논리에 갇힌 사람들이 많아요. 정말 이상한 일입니다.

弟
두식 인문학이나 사회과학 하는 사람 입장에서는 생각의 흐름이나 일관성도 무시할 수 없어요. 예컨대 표현의 자유를 소중히 여기는 사람은 어떤 형태로든 국가권력이 자기 삶을 옥죄어 들어오는 현실을 비판적으로 바라볼 수밖에 없거든요. 주로 그런 관점에서 박정희 시대를 비판하고 국민 기본권이 침해된 과거가 재현될까봐 박근혜 정부를 걱정하는 일정한 생각의 흐름이 있는 거예요. 대체로 그런 사람들이 약자의 편에 서서 차별문제를 제기하고, 그런 사람들끼리 자주 얼굴을 보다보니 비슷한 생각을 공유하게 되죠. 비슷한 얘기를 한다고 곧장 진영 논리의 노예가 됐다고 보기는 어려워요. 이명박 정부에서 표현의 자유를 위축시키는 검찰의 기소가 워낙 많았기 때문에 거기에 대해서는 한목소리로 비판을 할 수밖에 없었는데 그걸 다 패거리로 볼 수는 없습니다. 같은 생각의 기반에서 출발했기 때문에 사안마다 비슷한 목소리가 나오는 걸 모두 진영 논리라고 몰아붙여서는 안 돼요.

兄
대식 이명박 정부에서 표현의 자유를 위축시켰다고 하셨는데, 표현의 자유 문제로 감옥 간 사람이 몇명이나 됩니까? 그것도 과장 아닌가요?

弟
두식 감옥에 간 사람이 몇명이냐로 쉽게 판단할 수 있는 문제는 아니에요. '우리민족끼리'라는 대남 선전 계정의 글을 리트윗했다는 이유로 감옥에 다녀온 박정근씨를 생각해보세요. 친북좌파는커녕 김씨 일가의 세습체제에 대해서는 오히려 반북에 가까운 사람이었어요. 앞뒤 맥락을 살피면 북한체제에 대해 비판적인 사람이 조롱조로 올린 글이었음을 분명히 알 수 있었죠. 그런데도 검찰이 구속기소를 했습니다. 나중에 무죄 판결을 받았습니다만 이게 한 사람의 문제가 아닙니다.

말을 가지고 고소 고발을 당하거나 수사기관의 조사를 받으면 누구라도 자기검열을 하게 돼요. 여기저기 불려다니고 고생하고 시간 쓰고 마음 졸이다보면 두려움이 생기니까요. 옆에서는 다들 무죄가 나올 거라고 예상해도 당사자 입장에서는 징역이나 벌금을 걱정하지 않을 수 없습니다. 친구가 그런 일을 당한 걸 봐도 우리는 말을 아끼고 위축되죠. 다 같이 말조심하면 뭐가 나쁘냐고 생각할 수도 있지만 이건 개인의 품성에 따른 말조심의 문제랑은 차원이 다릅니다. 말할 자유는 민주주의의 뿌리이기 때문이에요. 그 뿌리가 흔들리면 무슨 미사여구를 가져다 붙여도 민주주의가 아닙니다.

심지어 국정원이 명예훼손으로 박원순 변호사를 고소한 적도 있습니다. 국가권력이 비판을 받았다고 명예훼손 고소를 하기 시작하면 민주주의는 바로 끝장이에요. 박원순 변호사처럼 법률가로 충분히 훈련받은 사람도 그런 일을 겪으면 위축됩니다. 이론상 말도 안 되는 고소라는 걸 알면서도 이상한 판결이 나올 가능성을 완전히 배제할 수는 없기 때문에 누구도 마음을 놓을 수가 없죠. 정부 또는 국가기관의 정책결정이나 업무수행과 관련된 사항은 항상 국민의 감시와 비판의 대상이 되어야 해요. 언론의 자유가 보장되어야 감시와 비판이 정상적으로 수행될 수 있고요. 원래 정부나 국가기관은 형법상 명예훼손의 피해자가 될 수 없습니다. 정책결정이나 업무수행에 관여한 공직자도 마찬가지예요. 대법원의 표현을 따르자면 '공직자 개인에 대한 악의적이거나 심히 경솔한 공격으로서 현저히 상당성을 잃은 것으로 평가되지 않는 한' 공직자 개인에 대한 명예훼손죄는 성립하지 않습니다. 이걸 뻔히 알면서도 고소를 해요. 비판을 틀어막자는 거죠.

「PD수첩」의 광우병 보도도 마찬가지였습니다. 법률을 공부한 입장에서는 누가 봐도 무죄였어요. 명예훼손이 범죄가 되려면 고의가 존재해야 합니다. 아레사 빈슨의 사인이 광우병인지 아닌지는 중요한 게 아니에요. 보도 당시에 피디들이 이미 허위라 생각하면서도 악의적인 보도를 했어야 허위사실에 의한 명예훼손이 되는 거예요. 일반인들은 "나중에 아레사 빈슨이 광우병으로 죽은 게 아니라고 밝혀졌으니 「PD수첩」이 거짓말을 한 거네. 벌을 받아야지"라고 쉽게 생각합니다. 그러나 보도 당시까지 밝혀진 사실을 기초로 보도했으면 그건 처벌대상이 아니에요. 그만큼 범죄 성립에는 고의가 중요해요. 그걸 뻔히 아는 검사들이 「PD수첩」 팀을 기소했고 나중에 무죄가 나왔는데도 검사들은 오히려 승진을 했어요. 나중에 무죄가 나든 말든 정권의 위기상황에서 급한 불을 끄는 데 기여했으니까 보상을 받은 거죠. 그런 사례가 언론의 보도를 얼마나 위축시키는지 몰라요.

한건이었어도 민주주의에 위협이 됐을 사건이 너무 자주 터졌어요. 이런 위험한 분위기가 박근혜 정부까지 이어졌고요.

박근혜 정부는 국정원 사건으로 출발부터 문제가 있었죠. 댓글 숫자가 몇개냐가 중요한 게 아니라 정보기관이 선거에 개입한 것 자체가 문제인 거예요. 정보기관의 선거 개입은 공론의 장을 무너뜨린 극악무도한 행위예요. 선거 때 반짝 민의가 반영될 수 있는데 그 기반을 부순 거니까요. 진보 쪽에서만 흥분할 일이 아닙니다. 앞으로 선거 때마다 보수정당을 지지하는 사람은 "너 국정원 알바지?" 하는 눈총을 받을 거예요. 그걸 생각하면 보수적인 분들이 이 사건의 더 큰 피해자예요.

야당 후보를 종북좌파로 몰아붙인 사람들이 선거에 개입하고 집권에 성공했어요. 망신도 이런 망신이 없어요. 표현의 자유를 침해하는 걸 넘어서 공론의 장을 흔든 행위에 대해 분명하게 진상을 규명하고 관련자를 처벌해야 해요. 선거에 대한 믿음이 무너지면 민주주의가 끝장나는 겁니다. 이건 과장이 아닙니다.

리버럴에 가까운 저는 국가권력에 무슨 대단한 걸 기대하지 않아요. 시민의 삶을 흔들지 말라는 것뿐이에요. 노동문제에 관한 이해 수준이 아주 낮은 저는 제대로 된 좌파였던 적이 없어요. 이런 사람까지 위기의식을 느끼게 하는 건 정부의 잘못입니다.

兀
대식 표현의 자유를 무시하자는 게 아닙니다. 국정원이 그러면 안 되죠. 그러나 어느 한쪽은 전적으로 옳고 다른 쪽은 전적으로 틀린 게 아니잖아요. 그런데 진영 논리에 빠지면 지식인이 자기 편을 비판하지 못하고 맨날 상대방만 헐뜯게 됩니다. 저는 그런 한계와 위선을 지적하고 싶을 뿐이에요.

강남좌파와
강남우파

弟
두식 케네디 대통령처럼 군대를 투입해서라도 차별을 바로잡아야 한다고 할 정도로 형은 차별금지에 관한 강한 확신을 가지고 있잖아요. 그런데 차별금지법이나 학생인권조례 같은 걸 통과시키려 할 때마다 반대하는 게 새누리당이거든요. 동성애를 장려하느냐는 식의 말도 안 되는 논리로 딴지를 걸죠. 민주당은 민주당대로 사회 전반의 보수적인 분위기를 의식해서 차별금지법이나 학생인권조례를 확 밀어붙이지 못하고요. 차별금지법이나 학생인권조례에 무슨 대단한 내용이 담긴 것도 아니에요. 그런 기본적인 입법조차 막는 새누리당을 저는 도저히 지지할 수 없어요. 형도 마찬가지 아닌가요?

兄
대식 차별금지법이나 학생인권조례 만들어야죠. 그런데 왜 박근혜를 지지하느냐? 저한테 가장 중요한 과제는 좌파냐 우파냐, 민주당이냐 새누리당이냐가 아닙니다. 내가 정치

할 사람도 아닌데 왜 그걸 신경 써야 해요? 저에게 중요한 것은 어떻게 저의 독립적인 사고를 지키느냐입니다. 아무리 옳은 소리를 해도 그게 자기 머리에서 나온 게 아니면 아무 소용이 없어요. 그런데 우리나라에는 온통 남의 이야기를 하는 사람들만 있습니다. 저는 제 머리로 사고하고 그걸 그대로 말하고 싶을 뿐이에요. 이걸 인디펜던트로 부르든 중도로 부르든 상관없습니다. 아니, 중도로 불리고 싶지는 않네요. 그건 또 중간에 끼어서 남 눈치만 보는 사람 같잖아요. 그냥 독립적 사고가 중요한 사람으로 해둡시다.

차별은 안 돼요. 저는 여성에 대한 차별, 지방대에 대한 차별과 나름대로 열심히 싸워온 사람입니다. 최근에도 어느 연구소에서 연구원을 뽑는데 해외 박사를 뽑아야 한다고 어떤 사람이 문자를 보냈기에 저는 '그런 식으로 하면 감사원에 보고하겠다'고 말했어요. 해외유학 출신들을 우선해서 교수로 뽑아주는 식의 잘못된 관행과 일상 속에서 싸워왔어요. 차별금지를 주장해온 민주당의 어떤 사람보다도, 어떤 강남좌파보다도 그 면에서는 열심히 살아왔어요. 그런 저를 박근혜를 지지했다는 이유만으로 싸잡아 보수라고 낙인찍는 건 폭력입니다. 제가 볼 때 박근혜는 20대를 불행하게 보낸 약자입니다. 그렇게 생각하는 건 내 자유예요.

弟
두식   낙인을 찍는다기보다는 신기하다는 거예요. 친일파 자손들이 부와 명예를 누리는 것에 대해서도 펄쩍 뛰고, 엘리트주의에 강력히 저항해왔으며, 차별금지에도 적극적인 사람이라 색깔로 보면 진보에 가깝잖아요. 형이 중요하게 생각하는 정치적 어젠다가 열개가 있다고 했을 때 아마 일곱개쯤은 민주당이나 진보정당들과 똑같을 겁니다. 자기가 꿈꾸는 걸 이뤄줄 정당을 지지하기 마련인데 형은 그렇게 하지를 않으니까 신기하다는 얘기예요.

兄
대식 그건 독립적 사고를 인정하지 않는 겁니다. 7 대 3이 곧 4 대 6으로 바뀔 수도 있어요. 정당이나 정치인이 내가 원하는 뭔가를 이뤄준다고 소망하는 건 우리 정치를 지나치게 낙관하는 거예요. 저는 정치인에 대해서는 이미 마음을 비웠어요. 그들에게 뭘 바랍니까? 민주당에 뭘 기대해요? 저는 오히려 동생이 그런 정당에 일말의 희망을 품는 게 이상해 보입니다. 그게 더 놀라워요. 민주당은 그냥 기득권 엘리트 집단일 뿐이에요. 새누리당보다 나을 게 하나도 없습니다. 하나는 강남좌파고 다른 하나는 강남우파일 뿐이에요.

弟
두식 그런 식의 정치 불신이 기득권을 강화하는 거예요. 기득권층은 사람들의 무관심을 먹으면서 자신의 배를 불려갑니다. 비슷한 기득권 엘리트 집단처럼 보이더라도 누가 더 나은지 구별하려는 노력을 포기해서는 안 돼요. 형이 왜 그렇게

민주당 사람들을 싫어하는지 잘 모르겠어요. 가끔은 꼭 철천지 원수 같다니까. (웃음)

兄
대식
어쩌면 나는 강남좌파들에게서 초등학교 때 공부 잘한 애들의 그림자를 보고 있는 건지도 몰라. 초등학교 때부터 변함없이 엘리트주의자이면서 겉은 아닌 척하는 사람들을 싫어하는 거지. 저에게는 그런 위선을 본능적으로 알아차리는 감각이 있어요. 어찌 보면 무당 같은 거야, 무당! 논리적으로 설명하라면 못 하지만 제 본능이 맞을 때가 많아요. 저는 위선보다는 차라리 위악이 좋습니다.

운동권이 내세우는 자유와 평등의 가치 물론 좋습니다. 그러나 아까도 얘기했듯이 자유와 평등을 내세우는 운동권 사람들의 95퍼센트가 서울대, 연·고대 출신이라면 뭔가 이상하지 않나요? 저는 그런 측면에서 이석기 같은 경기동부연합 사람들은 높이 평가하고 싶어요. 서울대 아닌 사람들이 운동권 안에서 니치niche를 만들어낸 거잖아요. 일종의 틈새시장을 개척한 거죠. 그들의 이념적인 편향성은 별론으로 하고, 일단 그런 독립적인 목소리를 만들어온 것은 대단해요. 그 사람들에 대해서 저는 '에고ego 있는 애들' 또는 '또라이 기질이 다분한 사람'으로서 동질감을 느껴요.

弟
두식
심리적인 문제로 설명하니 이해하기가 쉽네요. 저는 형

의 위악적인 모습을 50년 가까이 지켜봐서 익숙한데 다른 사람들은 어떨지 모르겠어요. (웃음) 진보의 엘리트주의 또는 계몽적 태도에 대해서 형이 느끼는 환멸은 늘 저도 반성하는 부분입니다.

兄 대식 저는 "조중동에 세뇌된 사람들이 보수가 된다"라는 식의 논리를 가장 싫어합니다. 엘리트주의에 찌든 생각이에요. "시골 사는 부모님들은 뭘 모른다. 대중은 무식하다. 보수언론에 노출되어 세뇌당했다. 내가 그걸 일깨워야 한다." 백번 양보해서 농활에서는 그런 태도를 가질 수 있다고 칩시다. 그때는 어렸으니까요. 대학 졸업하면서 이런 엘리트주의는 버렸어야죠. 그런 생각을 21세기까지 가져온 것은 부모 세대를 무시하는 겁니다. 초등학교, 중학교, 고등학교밖에 못 나왔으면 보수언론이 헛소리하는 걸 알아낼 능력이 없는 건가요?

노인들은 모두 박정희를 좋아한다고요? 그런 사람도 있고 아닌 사람도 있어요. 진보진영에서는 노인을 바보라고 생각해요. 왜 그분들도 자신만큼 똑똑한 분들이라고 생각하지 못하죠? 굉장히 중요한 문제입니다. 엘리트주의자들은 정신적으로 평등의 세례를 받아보지 못한 사람들입니다. 공부 잘한 사람들은 입으로 평등을 외치면서도 항상 '평등을 아는 자신들'과 '평등을 모르는 상대방'을 나누어서 생각해요. 『한겨레』를 읽는 '나'와 『조선일보』를 읽는 '너'는 다르다는 거예요. 제가 지적하는 건 바로

공부 잘한 사람들은 입으로 평등을 외치면서도
항상 '평등을 아는 자신들'과
'평등을 모르는 상대방'을 나누어서 생각해요.

그런 엘리트주의의 한계예요.

진보진영은 그런 엘리트주의 때문에 매번 선거에서 패배해요. 이번 대통령선거도 마찬가지였어요. 진보진영의 공약 중에 기억에 남는 게 있나요? 없어요. 그저 '50 대 50의 상황이니까 한 사람이라도 더 모여야 우리 편이 이긴다'는 얘기뿐이었어요. 50 대 50이라는 건 선거캠프에나 중요한 거지 유권자들에게는 아무 의미가 없어요. 유권자들에게는 선거결과가 자기 삶에 어떤 영향을 줄 것인지가 중요해요. 박근혜 대통령을 찍은 사람들 중의 상당수는 새누리당을 지지하지 않습니다. 새누리당이 좋아서 박근혜에게 표를 준 게 아니라고 얘기하는 친구들이 많았어요. 이런 사람들이 왜 박근혜를 찍었을까요? 박근혜는 적어도 자기가 집권하면 어떤 나라를 만들 것인지에 대해 몇가지 인상이라도 남겼어요. 진보진영은 '박근혜이기 때문에 안 된다'는 것 말고 아무런 메시지도 남기지 못했어요. 저도 기득권으로 뭉친 새누리당이 싫어요. 그래서 이회창을 찍지 않았어요. 그러나 지난 선거에서는 엘리트주의자의 위선, 기득권자의 위선이 지긋지긋한 사람에게 박근혜도 괜찮은 선택지였어요. 보수정당이면서도 변화를 위해 노력하는 태도를 보였잖아요.

🀄 뼈아픈 지적이에요. 형의 얘기는 굉장히 직관적이라 논
두식 리로 따지기가 쉽지 않네요. 무당 비슷한 직관 또는 본능으로 정치적인 문제를 판단하는 것도 참 재미있습니다. '엘리

트 초등학생' 출신들에 대한 일관된 미움도 놀랍고. (웃음)

㊀ 뭐 어렸을 때 반에서 20등에 못 든 열등감도 있겠지! 인
대식 간이 대단한 존재인 것처럼 얘기하지만 우리는 기본적
으로 원숭이예요. 원숭이라서 동물적으로 권력관계를 느끼고
거기에 반응해요. 누구에게나 그런 직관력이 있는 거죠. 다만 그
런 권력관계, 지배구조에 대해 얼마나 솔직하게 반응하느냐에
따라서 무당인지 아닌지가 결정돼요. 모두 비슷한 걸 느끼지만
좀더 예민하게 반응하는 사람, 좀더 용감하게 말하는 사람이 무
당이 되는 것뿐이죠. 진보진영의 엘리트주의에 대해서 저만 이
상하다고 느끼겠어요? 사람은 누구나 무의식상태에서 권력관
계, 지배구조를 인식하고 모순을 느껴요. 다만 그렇게 느낀 걸
의식의 세계로 토스하지 않아요. 누구나 진보 지식인들의 위선
을 느끼고 머리에 불이 나지만 대부분의 사람들은 그 불을 꺼버
리죠. 저는 그 불을 끄지 않았을 뿐이에요.

예를 들어 오세훈 시장이 만든 서울시청 건물을 보면서 저는
대통령직에 대한 그의 열망을 읽어요. 랜드마크 건물로 사람들
에게 깊은 인상을 남겨 대통령이 되고 싶었던 거겠죠. 그 뻔한
욕망을 숨기는 게 보기 싫습니다. 랜드마크를 만들겠다는 그의
열망이 짝퉁이기 때문에 더 싫어요. 청계천을 복원해 대통령까
지 간 건 이미 이명박으로 끝난 길이에요. 그걸 흉내 낸다고 해
서 대통령이 될 수는 없습니다. 독창성, 독립적 사고가 중요한

데, 오세훈 시장은 그런 걸 할 줄 몰랐어요. 오시장은 디자인을 강조했지만 새빛둥둥섬, 시청 모두 청계천의 아류작이고요. '짝퉁 이명박'인 오세훈은 영원히 이명박의 노예일 수밖에 없어요. 오세훈이 진보진영의 서울시장은 아니었지만 오랜 세월 진보적인 변호사로 행세했잖아요. 다 비슷한 정신세계라고 생각해요. 저는 그런 게 눈에 걸리는 겁니다. 민주당 후보냐 새누리당 후보냐가 중요한 게 아니고요.

弟
두식 제가 『한겨레』에 '김두식의 고백'이라는 인터뷰를 연재하면서 홍정욱 의원을 만난 적이 있습니다. 국회의원 불출마 선언을 한 그에게 "나중에 서울시장에 나오는 것 아니냐?"라고 물으니 "국회의원 그만두고 서울시장 하고 대통령 하는 길은 이명박 대통령이 한번 가셨기 때문에 이미 끝난 길"이라고 답변하더군요. "국민은 남의 흉내를 내어 똑같은 길을 걷는 정치인에게 절대로 기회를 주지 않는다"고도 했습니다. 홍의원이 잔머리나 굴리는 사람처럼 보일 수 있지만, 그 얘기 듣고 저는 감각이 있는 사람이라고 생각했습니다. 형도 비슷한 생각을 가지고 있네요.

兄
대식 홍의원 얘기는 몰랐어요. 어쨌든 같은 맥락에서 저는 박원순 시장이 오세훈 시장보다 낫다고 생각해요. 박시장은 인권이라든지 시민운동이라든지 자기만의 고유한 브랜드를 가진 사람이라 그걸로 승부를 걸잖아요. 청계천 흉내나 내려고 하지 않고요. 자기 브랜드가 있기 때문에 자신감도 있는 거겠죠. 제가 박원순 시장 보면서 안타까운 건 왜 엘리트주의에서 벗어나지 못하냐는 거예요. 단국대 나온 걸 자랑하고 다녀봐요. 서울시장에도 훨씬 쉽게 당선되었을 겁니다. 경기고 나와 서울대 사회대 다니다가 제적당한 것이 억울했겠지만 그걸 오히려 기회로 생각했어야죠. 자기 자신이 단국대 졸업생임을 더 자주 밝히고 다녔더라면 바로 노무현급 정치인이 됐을 텐데 아쉬워요. 누구라도 엘리트주의에서 벗어나기는 힘듭니다. 그래서 거기서 얼마만큼 벗어났느냐가 그 인물의 크기를 결정해요.

"보수보다
열배나 우아한 진보"

弟
두식 진영 논리가 독립적인 사고를 막는다는 이야기를 듣다 보니, 저도 비슷한 문제로 고민하는 게 있네요. 얼마 전 대표적인 보수신문에서 시평을 연재해달라는 부탁을 받았어요. 처음 있는 일은 아니고 신문의 지면 개편 때마다 연락하는 분들이에요. 자주 연락을 받다보니 매몰차게 거절할 수 없어서 이번에는 솔직한 제 마음을 적어 보냈어요.

저는 안티 ○○ 같은 선언에 참여해본 적이 없거든요. 제 색깔이 분명하지 않은 까닭인지 제 주변에는 "김교수가 조중동에 글 쓴다고 욕할 사람이 어디 있나? 딱히 진보도 아니고 그냥 자기 목소리를 내는 건데 상관없다"라고 얘기하는 친구들이 많고요. 운동에 몸담은 분들보다는 상대적으로 자유로운 편이죠. 어떤 매체에 글을 쓰느냐 마느냐는 우리 사회에서 이미 한물 지난 이 슈예요. 한동안은 보수신문에 글 쓰는 것을 부끄러워하는 분위기가 진보진영에 있었지만 이제는 아니거든요. 진보적인 법학자들 중에는 『조선일보』에는 쓰지 않아도 『중앙일보』에는 쓰는 분이 여럿 있어요. 조중동의 연락받고 글 쓰는 걸 거절하면 과거에는 그쪽에서 좀 위협을 느끼는 눈치였는데 요즘은 '아직도 조중동이라는 이유로 글을 안 쓰는 사람이 다 있나?' 하는 좀 어이없다는 반응이 나와요. 소신이 있는 사람으로 봐주는 게 아니라 시야가 좁은 사람으로 평가하는 거죠. 그런 이유로 특정한 매체에 글을 쓰지 않는 사람이 이제는 한줌도 남지 않았어요. 종편의 영향력을 무시할 수 없게 되면서 경계가 무너진 것도 사실이고요.

그런데 하필 제 주변에는 바로 그 한줌 남은 친구들이 여럿 있어요. 홍세화 선생이나 김상봉 선생처럼 원칙에 충실한 분들이죠. 저는 그분들만 한 원칙주의자가 아니고 그럴 용기도 없지만, 최소한 그분들에게 상처를 주지는 말아야 한다는 생각을 해요. 최근에는 고종석 선생의 지적이 뼈아프게 다가왔어요. "할 줄 아는 게 글질 말질밖에 없어서 조중동 및 그들 종편과 놀아난다는 깨시민들의 변명이 있을 수 있다. 직장이 없는 프리랜서라면 접수! 다만 버젓한 대학교수 직책 지녔으면서 조중동과 놀아나는 깨시민들은 머리를 변기에 처박고 반성해라." 먹고살 게 있는 대학교수가 이름을 팔아먹는 행위는 프리랜서와 다르게 평가받아야 한다는 얘기에 고개를 끄덕일 수밖에 없더군요.

결국 "제대로 된 좌파도 아니지만, 대한문 같은 곳에서 생존을 위해 농성하고 있는 분들에게 도움이 되지는 못할망정, 상처를 주지는 말자는 생각 때문에 당신네 신문에 글을 쓸 수 없다"라는 메일을 보냈어요. 이런 태도가 꼭 진영 논리 때문인지는 잘 모르겠어요. 딱히 누굴 무서워해서 그런 것도 아니고요. 다만 지난번 대선 결과가 보여주듯이 약자의 입지가 너무 좁아진 상황에서 고생하는 분들에 대한 일종의 예의가 아닌가 생각해요.

兄
대식   일단 동생의 설명이 너무 길어! 길게 설명하고 있지만 결국 눈치를 보는 거지. 그렇게 설명이 길어지는 걸 보면 그냥 무서워서 못 하는 거예요. 제 느낌에는.

弟
두식   급소를 찔렸네요. (웃음) 맞아요. 역시 겁이 많은 거겠죠. 그런데 형은 가끔 너무 겁이 없어서 문제잖아요. 『조선일보』에 '주한 미군 사령관에게' 같은 글을 써서 엄청나게 욕먹을 때 생각해보면 형은 마치 "조선일보에 글을 쓰면 안 된다고? 그런 게 어딨냐?"면서 그럴수록 더 지르는 성향이 있는 것 같아요. 누가 못 하게 하면 더 극한까지 밀어붙이는.

兄
대식
　　그냥 하고 싶은 얘기를 하고 살 뿐이에요. 욕먹을 게 있으면 먹는 거고요. 이런 문제를 더 길게 이야기하면 제 밑천이 달려요. 어쨌든 저에게 중요한 건 독립적인 사고입니다. 다시 강남좌파 얘기로 돌아가면 소위 진보라는 사람들이 한목소리로 남의 자유를 억압하는 게 싫다는 겁니다. 사상의 자유를 주장하면서 자기네랑 생각이 다른 의견은 아주 개작살을 내잖아요. 그게 위선이죠.

弟
두식
　　형처럼 자기 의견을 이야기하는 것도 표현의 자유이고, 그걸 비판하는 것도 역시 표현의 자유는 맞아요. 그렇게 비판을 주고받으면서 함께 성장하는 거죠. 적어도 진보는 자기와 다른 의견이라고 멀쩡한 사람을 감옥에 집어넣지는 않잖아요. 그게 보수와 다른 점이죠.

兄
대식
　　표현의 자유를 억압하는 검찰의 수사나 국정원 사건만큼이나 대학에서 한쪽 방향의 생각만 주입하는 것도 문제입니다. 솔직히 대학에는 좌파가 더 많잖아요. 국정원 문제에 대해서는 '크라이 울프cry wolf' 하는 진보 교수들이 본인들의 교육방법이 혹시 일방적이지 않은지 고민하지는 않아요. 대학교육은 일방적으로 정답을 가르쳐주는 것이어서는 안 돼요. '네가 지금까지 생각하던 걸 원점에서 다시 검토해보자'는 것이어야 해요. 완전히 평지로 돌아가서 집을 짓는 훈련을 해야 해요. 한쪽 방향으로 몰아가는 교육은 폭력이에요.

예를 들어 박정희가 김일성만큼 나쁜 놈이라고 가르치는 건 곤란해요. 민주화도 좋은데 한국전쟁에 대해서도 함께 생각할 수 있어야죠. 민주화 과정에서 수십명이 죽은 것과 한국전쟁에서 수백만명이 죽은 걸 동일선상에서 이해해서는 안 된다는 얘기입니다. 민주화와 산업화가 대립되는 것으로 보는 것도 이상해요. 제가 박정희한테 면죄부를 주는 게 아니에요. 산업화가 되어야 민주화가 가능합니다. 양자를 대치되는 걸로 이해하면 곤란해요. 수백만명을 죽인 것과 수십명을 죽인 건 정량적으로 다르잖아요. 다른 건 다르다고 해야죠.

저는 뭐든지 정량화하는 걸 좋아해요. 앞으로 기회가 되면 더 이야기하겠지만 '흑진주' 같은 인종차별적 표현을 진보신문과 보수신문 중 어느 쪽에서 많이 쓰는지 정량화해보면 재미있을 거예요. 그런 걸 분석해서 통계를 내보면 진보고 보수고 다를 것도 없을 겁니다. 저는 진보적인 신문이 보수언론보다 덜 인종적이기를 바라는데 그런 걸 못 느꼈어요. 머릿속의 인종차별은 어떻게 하지 못할 수 있어요. 그럼 인종차별적인 말이라도 그만 써야죠. 인권에 대해서 다른 언론보다 열배를 이야기하면 자기들 행동도 열배 더 나아야 하는데 실제 데이터는 다를 게 없거든요.

형처럼 자기 의견을 이야기하는 것도 표현의 자유이고,
그걸 비판하는 것 역시 표현의 자유는 맞아요.
그렇게 비판을 주고받으면서 함께 성장하는 거죠.

두식 학생들이 모든 걸 의심하고 자신만의 생각을 만들 수 있도록 대학이 도와야 하는 건 맞습니다. 그러나 형이 예로 든 부분에 대해서는 약간의 이견이 있네요. 우선 생명은 숫자로 정량화하기 어렵습니다. 단 한명이라도 생명을 잃는 당사자 입장에서는 모든 걸 잃는 거예요. 100명의 생명이 한명의 생명보다 귀하다고 판단할 수도 없고요. 진보 쪽에서 박정희 대통령 시기의 독재와 인권탄압을 계속 비판하는 것은 동일한 잘못의 반복을 막기 위해서입니다. 당연히 한국전쟁을 일으킨 김일성의 잘못도 비판해야죠. 전쟁은 김일성이 일으켰지만 한국전쟁 와중에 우리 쪽이 죽인 민간인 피해자도 적지 않습니다. 동일한 맥락에서 그런 잘못의 반복을 막기 위해서 민간인 학살에 대한 연구도 계속되어야 해요.

형이 생각하는 것만큼 대학에 좌파가 많은지는 의문입니다. 모든 걸 원점에서 비판하고 자기 생각을 가질 수 있도록 하기 위해서 원래 대학은 진보적일 수밖에 없습니다. 그러나 우리나라 대학이 그런 것 같지는 않아요. 몇몇 진보적인 교수들이 언론에 자주 비치다보니 많아 보이는 것일 뿐 실제로는 굉장히 보수적인 곳이 대학입니다. 숨이 막힐 지경이에요. 경기장이 기울어 있는 보수적인 나라에서 학생들이 새로운 생각을 갖도록 돕기 위해서는 교수들이 진보적인 시각을 가질 수밖에 없어요. 일방적인 지식을 주입하는 게 과연 진보만의 문제냐도 생각해봐야 할 거고요. 아마도 형이 말하고 싶은 것은 보수보다 열배나 우아한 말을 하면서 실질에서는 별로 다를 게 없는 진보 지식인들의 위선이겠죠. 학생들이 스스로 생각할 수 있도록 돕는 대신 제 생각을 강요하지는 않았는지 저도 반성해봐야겠어요.

획일화된 세상은
어디든 독재국가

대식 우리 사회에는 다양성과 홀로서기를 두려워하는 문화가 있어요. 혼자만의 생각을 얘기하면 맞아 죽거나 귀양 가야 했던 역사의 흔적일까요. 심지어 아름다움도 획일적인 기준을 따라가잖아요. 서양사람 비슷하게 생겨야 예쁘다고 생각해요. 성형수술을 왜 합니까? 서양사람 외모를 따라가려고 하는 거예요. 우리가 갖고 있던 아름다움의 기준은 완전히 사라져버렸어요. 오리지널리티의 아름다움이 사라진 거죠.

왜 그렇게 됐을까요? 뭐든지 공존이 참 어려운 나라입니다. 아름다움에 관한 다양한 기준도 공존하지를 못하고 하나의 기준만 남아요. 하나의 기준만 남아 있는 세상은 끔찍해요. 하나의 생각만 남아 있는 세상, 획일화된 세상이 독재국가인 겁니다. 획일화가 곧 독재예요. 저는 그게 무서워요.

내 생각이 내 머리에서 나온 것인지 끊임없이 질문할 필요가 있습니다. 먼저 우리가 알고 있는 대부분의 사실이 학습된 것임을 인정해야 해요. 그 기반 위에서 최대한 넓게 조사한 후 자기 생각이 틀리지 않았는지, 선입견에 기초한 것이 아닌지 검토하고 혼자 결론을 내보아야죠. 결론을 이야기하는 걸 두려워해서는 안 되고요. 자기 생각을 말하고 책임을 져야 합니다. 우리 사회가 어디 그런가요? SNS가 일상화된 지금 오히려 더 생각이 획일화되고 생각의 독재가 퍼지고 있어요.

弟
두식　　어떤 큰 사건이 터졌을 때 SNS를 보면 믿을 만한 오피니언 리더들이 입을 열 때까지 기다리는 분들이 적지 않아요. 신중함일 수 있지만 자기 생각을 만들 준비가 덜 된 것일 수도 있죠. 몇몇 오피니언 리더들이 입장을 밝히고 난 후에는 좀더 편하게 그 의견을 따라가요. 과연 자기 말의 어디까지가 자신의 생각인가. 중요한 질문입니다.

兄
대식　　그런 청중들을 대상으로 SNS에서 목소리 큰 몇몇 진보 지식인들이 하는 행동이 바로 멘토질입니다. SNS가 과거보다 더 많은 자유를 만들어내고 있는 것 같지만 실상은 그렇지 않아요. 대학에 들어간 1981년을 생각할 때마다 떠오르는 장면이 있어요. 어느날 친구들과 모여 이야기를 나누는데 끝까지 전두환을 옹호하던 친구가 하나 있었어요. 아마 아버지가 군인이었던가 그랬을 거예요. "역사는 단계가 있고 우리는 그 과정을 거치고 있다"라는 식의 나름대로 논리적인 주장을 폈습니다.

그때나 지금이나 저는 전두환을 싫어하고 군인들이 판치는 세상이 끔찍해요. 하지만 그 친구의 이야기는 의미가 있다고 생각했어요. 주변 사람들에게 욕먹을 걸 알면서도 자기 주장을 펼치는 친구의 용기가 멋있어 보였죠. 요즘은 그런 토론이 어렵습니다. 그때는 친구들에게 욕을 실컷 먹고 집에 가면 그걸로 끝이었는데, 지금은 인터넷이니 SNS니 해서 집에 가서도 끝이 나지를 않아요. 빅브라더를 무서워하고 비판하는 진보들이 인터넷에서는 토론의 자유를 가로막는 또다른 빅브라더가 되고 있거든요. 어쩌면 인터넷 자체가 하나의 거대한 빅브라더일 수도 있어요.

인터넷이 24시간 쉼 없는 공간이 되면서 생기는 문제는 정말 심각합니다. 옛날에는 싸움을 해도 집에 들어가서 쉬면서 재충전할 수가 있었는데 지금은 집에 가서도 쉬지는 않고 오피니언 리더들을 따라 싸움을 계속해요. 독립적인 사고는 더 어려워졌어요. 인터넷이 과연 생각의 다양성이나 독립적 사고에 도움을 주는지 모르겠어요.

弟 두식   진보가 인터넷에서 빅브라더가 됐다기보다는 진영이 뚜렷하게 갈려서 대화를 섞지 못하는 게 문제겠죠. 독립적인 생각을 할 여유가 없는 것도 문제고요. 젊은이들이 다들 너무 바빠서 한가지 주제를 오래 붙들고 있을 시간이 없거든요. 정치적인 입장도 마치 수능시험에서 정답을 찾듯이 빨리 정리하고 넘어가다보니 자기 것으로 내면화하지를 못합니다. 무슨

주제이든 다 안다고 생각하지만, 어느 하나도 자기 생각은 아닌 거예요.

토론수업을 진행하다보면 한해가 다르게 진보적 입장이 힘을 잃어가는 걸 느낍니다. 보수는 한두마디 폭력적이고 감정적인 언설로 쉽게 사람들의 마음을 얻는 데 반해, 진보는 자꾸 긴 설명을 하게 되거든요. 양심에 따른 병역거부만 해도 보수적인 입장에서는 "군대 안 가는 게 양심적 병역거부면, 군대 간 나는 비양심적이라는 거냐? 여자친구가 강간을 당해도 너는 평화주의냐?" 같은 단순명제로 분위기를 잡아요. 그러면 진보적인 입장에서는 "여기서 양심은 개인적 신념을 의미하는 거다. 여자친구가 강간을 당하는 문제와 병역거부는 아무 관련이 없다" 같은 별것 아닌 논증을 위해서도 긴 시간을 들여야 해요. 그러면 또 "왜 너네는 맨날 가르치려고만 하냐? 재수 없다"라는 반응에 부딪히게 되죠.

사형제도 존폐 논란에서도 진보적인 입장은 "내 딸이 강간을 당하면 나도 당연히 가해자를 찢어 죽이고 싶다. 강간이 아니라 손가락 하나만 상해도 상대방을 죽이고 싶다. 그래서 분노하는 개인이 아니라 이성적인 국가에 형벌권을 맡기게 된 거다" 같은 답변을 해보지만 호응은 거의 없어요. 심지어 "여기서 이성적인 국가는 어디까지나 하나의 이상일 뿐 실재는 아니다"라는 설명까지 곁들이면 완전히 망하는 거고요. 물리적 거세 논쟁에서는 "사람 몸에 더이상 손대지 않는 것이 문명화된 형벌의 기본 조건이다" 같은 논리를 펴보지만 일반 학생들에게서는 "또 뭔 잘난 척이냐?"라는 반응이 나와요. 계몽적이라고 욕먹는 진보에게도 어려움은 있답니다. 어떻게 더 간명한 논리로 대중을 설득할 것인지는 오늘날 진보에 주어진 중요한 과제예요. 그러지 못하면 논리에서는 이기고 투표에서는 지는 패턴이 반복될 테니까요.

형하고 굳이 논쟁을 하려고 했던 것은 아니고, 형의 생각을 잘 드러내고 싶었는데, 처음부터 은근히 딴지를 많이 걸었네요. 박정희든 전두환이든 인권을 침해하고 민주주의를 말살한 군사독재자라는 점에서 아무 다를 바 없다는 제 입장 때문이었던 것 같아요. 역시 정치 얘기는 혈육도 갈라놓는다는. (웃음) 어쨌든 형의 주장은 늘 한가지로 귀결되는 걸 확인했어요. 독립적 사고!

兄 대식 동생하고 이야기하다보면 내 생각이 더 분명해질 때가 많아요. 실제로 생각이 바뀔 때도 있고. 어쨌거나 무슨 일이 생기면 내가 제일 먼저 의논하는 게 동생이잖아.

弟 두식 저도 형하고 이야기하면서 제 생각의 구멍을 발견할 때가 많아요. 통계적으로 객관화할 수 있는 얘기냐고 형이 불쑥불쑥 물어봐서 제가 진땀을 뺄 때가 특히 그렇죠.

하나의 기준만 있어서는 안 되고 생각이 공존해야 한다는 얘기에는 전적으로 공감합니다. 상대방을 멸절滅絶의 대상으로 생각하는 경향이 우리 정치 상황을 악화시켰다는 생각도 들어요. 솔직히 저도 '박정희, 전두환에 빌붙어 권력을 누린 사람들은 민주화 이후에 다시는 이 땅에 발붙이지 못할 것'이라고 생각했어요. 그래야 한다고 믿었죠. 그러나 우리처럼 혁명이 아닌 점진적인 방법으로 민주화와 경제성장을 이루어온 나라에서 그렇게 쉽게 한쪽편이 사라질 수는 없더군요. 진보세력을 모두 종북으로 몰아서 아예 뿌리까지 제거하려는 지금 정부를 보면서 과거의 제 입장도 혹시 비슷하지 않았나 반성해요. 진보와 보수는 어차피 공존할 수밖에 없어요. 우리 형제처럼 말이죠.

🀄 동생의 결론이 좀 진부해. 재미가 없어!
대식

2장

괴짜 과학자 형과 삐딱한 법률가 동생

과학자는
중소기업 사장님

弟
두식 독자들 입장에서는 '듣보잡' 형제가 나와서 다짜고짜 싸우는 첫 장이 황당했을 것 같아요. 아무래도 우리가 누군지부터 얘기를 해야겠죠. 저도 대학에서 법학을 가르치고 있습니다만, 전형적인 학자의 길을 걷지는 않았습니다. 차근차근 석사·박사학위를 받아 대학에 자리 잡은 사람이 아니라 사법시험에 합격해 법률가의 길을 좀 걷다가 미국서 잠깐 공부하고 우연히 교수가 됐죠. 미국에 가게 된 것도 제 공부가 목적이 아니라 유학하는 아내를 따라서 아기 키우러 간 것이었고요. 대학에 자리 잡은 후에도 구체적인 법률 분야에서 전문적 지식을 인정받기보다는 주로 대중적인 글쓰기로 일반 시민들과 이야기 나누는 길을 걸어왔습니다. 일반적인 법률가의 길에서 한참 비껴난 삶이지만 의외로 주변에서는 '범생이'라는 얘기를 자주 해요.

형은 저랑 반대입니다. 서울대 물리학과 입학, 미국 유학, 27세에 박사학위 취득, 31세에 모교 부임 그리고 쭉 연구자로 한 길을 걸었죠. 그런데 범생이 소리를 들은 적은 한번도 없을 겁니다. 저는 싸움을 피해서 도망 다닌 사람인 데 비해, 형은 싸움을 두려워하지 않는다는 차이도 있죠.

나름대로 형을 잘 안다고 생각했는데, 막상 대담을 하려니까 문득 '형은 도대체 뭘 하고 사는 사람일까?' 하는 의문이 생겼어요. 등산을 같이하며 이야기를 많이 나누는 편인데도 형이 하는 구체적인 일에 대해서는 제가 잘 모르더라고요. 형의 구체적인 전공이 뭐냐는 질문을 주변에서 받고 제대로 대답한 적이 한번도 없어요. 인터넷 검색을 해보니 나노광학이라고 나오더군요. 일단 그 질문부터 해야겠네요. 김대식은 도대체 뭘 하고 사는 사람인가?

대식 근본적으로 동생이 나한테 별 관심이 없는 건 아닌가 싶네요. (웃음) 저는 과학자인데, 중소기업 사장과 비슷한 일을 한다고 생각하면 되겠습니다. 박사급 연구원 두명, 석박사과정 대학원생 열명, 스태프 한명, 비서·행정요원 각 한명, 대충 15명 정도 되는 연구팀을 이끌고, 주로 정부에서 연구비를 받

저도 대학에서 법학을 가르치고 있습니다만,
주로 대중적인 글쓰기로 일반 시민들과
이야기 나누는 길을 걸어왔습니다.
일반적인 법률가의 길에서 한참 비껴난 삶이지만
의외로 주변에서는 '범생이'라는 얘기를 자주 해요.

형은 저랑 반대입니다.
서울대 물리학과 입학, 미국 유학, 27세에 박사학위 취득,
31세에 모교 부임 그리고 쭉 연구자로 한길을 걸었죠.
그런데 범생이 소리를 들은 적은 한번도 없을 겁니다.

아서 일을 해요. 연구비 받으면 돈이 쭉 나가는데, 인건비 비중이 제일 큽니다. 그다음이 재료비인데 저희 같은 경우에는 실험을 해야 하니까 금金도 사고 물도 사고 가스도 사야 하죠. 그다음으로 실험할 기계를 사거나 제작해야 하고요. 나머지는 인쇄비라든지 하는 작은 부분이 있습니다. 크게 보면 인건비, 재료비, 기자재비가 나가는 거죠. 이렇게 돈을 나눠 쓰는 데에도 상당한 노하우가 필요해요. 그러니 계속 돈 걱정을 해야 합니다. 만약 3년짜리 프로젝트가 올해 끝난다고 하면 6개월이나 1년 전부터 새로운 프로젝트를 따기 위해서 정신없이 뛰어다녀야 해요. 돈이 없으면 연구를 할 수 없으니까요. 서든 데스sudden death가 되면 안 되거든요. 과학자에게는 현실적으로는 연구비를 수주하는 게 가장 중요한 일입니다.

弟
두식   좀 엉뚱한 대답이군요. 나노광학이 뭐냐고 물었는데 중소기업 사장 얘기가 나올 줄은 몰랐습니다. 인생에서 가장 중요한 것은 분야 구분 없이 역시 돈인가요.

兄
대식   과학자의 머리에는 늘 돈이 있어요. 실험장비도 사고, 기계도 만들어야 하고, 시료도 만들어야 하는데, 그게 다 돈문제니까요.

弟
두식   늘 사건 수임을 고민하는 변호사랑 비슷하네요. 변호사

직업은 '천수답'이라는 말이 나올 정도입니다. 하늘에서 비가 내리지 않으면 농사를 짓지 못하는 것처럼 변호사는 사건 수임이 안 되면 당장 굶어야 하거든요. 물론 일 잘하는 사람이 수임도 잘하겠지만, 늘 그런 건 아니고요. 클라이언트들과 술 마시고 주말이면 골프도 함께 치면서 관계를 유지하는 게 중요하다고 해요. 대형 로펌에서 변호사를 평가할 때도 가장 중요한 기준은 사건을 얼마나 많이 수임했느냐 하는 거죠.

자기가 가지고 온 사건의 일정 비율을 돈으로 받을 수 있으면 파트너이고, 월급만 받고 살면 어소시에이트Associate 변호사예요. 예전에는 일정한 연차가 되면 모두 파트너 변호사가 되었는데 요즘은 그것도 경쟁이 심해요. 그래서 파트너 올라갈 때면 선후배 변호사 사이에 묘한 긴장감이 흐르기도 하죠. 파트너 자리를 목전에 둔 후배 변호사는 자기 고객을 확보해야 하는데, 선배 변호사는 혹시 후배에게 고객을 뺏기는 건 아닌가 하는 의심의 눈초리를 보내기 쉬우니까요. 그러다 관계가 깨지기도 해요. 그걸 못 견디고 로펌을 뛰쳐나오는 사람이 있을 정도고요. 사건을 얼마나 많이 가져오느냐가 변호사의 성패를 좌우하는 것처럼, 굉장히 순수해 보이는 자연과학자들도 사실은 돈을 끌어와야지만 살아남을 수 있군요?

대식 동생이 억지로 변호사와 과학자를 동일선상에 올려놓는데, 그렇지는 않죠. 변호사와 과학자는 무엇보다 실제 임금에서 차이가 날 것 같군요. 대형 로펌의 동년배 변호사와 저를 비교할 때 연봉이 다섯배나 열배 차이는 날걸요. 과학자는 연구비를 아무리 많이 따도 자신이 받는 월급에는 큰 변화가 없습니다. 물론 10억짜리 연구비를 따면 인센티브를 주기는 하지만 그게 1년에 천만원 수준을 넘지 못해요. 로펌 변호사가 10억짜리 사건을 수임했을 때 자기 손에 천만원만 떨어지는 건 아니잖아요.

弟 두식 학교에서 주는 인센티브에 상한이 걸려 있기 때문에 생긴 문제죠. 연구비를 따낸다고 해서 혼자 쓰는 것도 아니고요. 우리가 속한 세대는 변호사와 과학자의 수입이 큰 차이가 있지만, 요즘 젊은이들은 아마 비슷하게 될 겁니다. 법률가 직업이 무조건 고수익을 보장하던 시대는 끝났으니까요. 형도 연구비를 꽤 많이 쓰는 과학자에 속하죠? 얼마나 되나요?

兄 대식 제가 돌리고 있는 것 중 제일 큰 것이 1년에 10억짜리인데, 전국 규모의 프로젝트라서 실제로 제가 올해 쓴 건 10억 중에 1억 6천입니다. 8억 이상은 함께 연구를 진행하는 서울대, 광주과기원, 충남대, 아주대 교수님들과 나누어 씁니다. 제가 썼다는 1억 6천도 혼자 쓴 것은 아니고, 아까 말씀드린 것처럼 그 돈으로 15명 팀이 돌아가는 거예요. 그 돈 포함해서 우리 팀의 연구비 규모가 1년에 5억 정도 될 거예요. 매년 그 정도

돈이 있어야 유지가 되는데 그게 끊기면 당장 대학원생들 인건비도 못 주게 되니까, 연구비를 계속 따는 게 그만큼 중요하죠.

弟 두식 실제로 그런 경우도 있나요? 연구비가 끊긴 서든 데스? 그러면 어떻게 되는 거죠?

兄 대식 있어서는 안 되지만 있을 수도 있죠. 그렇게 되면 고난의 행군을 하는 거죠. 연구비를 딸 수 있을 때까지 허리띠를 졸라매고 버티는 건데 당장 대학원생이 줄어들기 때문에 학자로 살아남기는 매우 힘듭니다.

弟 두식 사는 모습이 정말 중소기업 사장 같군요. 팀 내부의 역할 분담은 어떻게 이루어지나요?

兄 대식 연구팀을 이끄는 저는 앞으로 뭘 먹고살 거냐를 주로 고민해요. 먹고산다는 게 두가지 의미인데, 하나는 연구비를 수주하는 거고, 다른 하나는 그렇게 연구비를 수주해서 구체적으로 뭘 할지를 결정하는 거죠.

결과 하나가 나오는 데 대개 2~3년이 걸리기 때문에 2년 후에 어떤 결과를 낼 건지도 중요하지만, 게임을 제대로 하려면 지금 뜨거운 주제에 들어가는 것보다는 5년 후에 뜨거워질 주제가 뭔지 아는 게 굉장히 중요해요. 그러려면 세계가 어떻게 돌아가는지 알아야 하고, 그 기초 위에서 여러가지 확률게임을 해야 하죠. 수천명이 있는 동네에 가서 100등을 할 거냐, 아니면 50명이 있는 동네에 가서 1등을 할 거냐, 그것도 아니면 아무도 없는 나만의 분야를 만들어서 다른 과학자 다섯명 정도가 나를 따라오게 할 거냐. 그걸 정해야 1년, 3년, 5년, 10년의 전략이 나와요.

중소기업도 비슷하잖아요. 지금 누구나 하고 있는 큰 시장에 뛰어들 거냐, 소수의 사람들이 하고 있는 전망 있는 작은 시장에 뛰어들 거냐, 아니면 새로 시장을 만들 거냐. 어디로 가야 대박이 터질지를 고민할 수밖에 없는데, 그런 점에서 과학자의 삶과 중소기업 사장의 삶이 비슷해요.

⊛ 형이 그런 역할을 하는 동안 대학원생을 비롯한 15명은
두식 뭘 하나요?

⊛ 큰 방향이 결정되면 학생들은 마치 중소기업 회사원들
대식 처럼 자신에게 맡겨진 일을 수행하죠. 구체적인 예를
들어볼까요?

5년 후를 내다보고 우리 팀에서 어떤 실험을 위한 시료를 만들기로 결정했다고 생각해보세요. 그런데 우리는 시료를 만들어본 팀이 아니고 주로 남의 시료를 가지고 측정만 하던 팀이에요. 시료를 새로 만들려면 대전의 표준연구소 같은 곳의 어떤 팀에 A학생이 내려가서 6개월 이상을 보내면서 시료 만드는 방법

을 배워야 해요. 매번 그걸 만들기 위해 대전까지 갈 수는 없어서 고민을 하던 중에 어느날 경기도 무슨 센터에 그 시료를 만들 수 있는 장비가 있다는 걸 알게 돼요. 그럼 경기도에 있는 센터의 장비를 돈 주고 빌려 쓰면서 대전에서 배운 방법으로 시료를 만들게 되죠. 그렇게 되면 시료 만드는 법을 알려준 표준연구소 연구자의 이름은 논문에 들어갈 수 있지만 돈 받고 장비만 빌려준 사람의 이름은 논문에 들어가지 못해요. 매번 경기도의 센터까지 가는 것도 힘든 상황에서 우리 예산에 여유가 좀 생기면 그 장비를 직접 구입하기도 하죠. 그렇게 해서 2년 만에 시료가 하나 나오면 우리 실험실은 시료를 만들지 못하던 곳에서 시료를 만들 수 있는 곳으로 영역이 넓어진 거예요.

시료가 만들어지면 B학생은 그 시료가 어떤 재미있는 성질을 갖고 있는지 측정을 하죠. 물론 A가 시료를 만드는 동안 B가 놀고 있는 건 아니에요. 이론을 공부하고 계산을 미리 해놓고 다른 시료도 측정하면서 새로 만들어질 시료를 측정할 방법을 최적화하죠. 좋은 결과가 나오려면 시료를 물속에 넣어야 할 때가 있어요. 그런데 물속에 들어가는 순간 모든 게 달라져요. 마이크로 플루이딕스●라는 새로운 학문 분야가 들어오게 되는 거죠. 그럼 C는 그걸 또 공부하고 있어야 해요. 이런 식으로 돌아가는 작은

● 마이크로 플루이딕스(Micro Fluidics, 미세유체공학): 미세분석씨스템(micro-total analysis system)이나 랩온어칩(lab-on-a-chip) 등을 만드는 데 필요한 핵심기술을 연구하는 학문.

팀이 몇개가 존재하는 거죠.

　제 철학은 A라는 학생이 한가지만 해서는 안 되고, B나 C학생이 하는 일도 다 할 줄 알아야 한다는 거예요. 시료 만드는 학생이 측정도 할 줄 알아야 하고, 측정하는 학생이 이론도 알아야 하고, 이론 하는 학생이 컴퓨터도 다룰 줄 알아야 해요. 그래야 시장이 바뀔 때 적응할 수 있어요. 중소기업의 주변환경처럼 연구환경도 끊임없이 변화하기 때문이죠. 전쟁사를 보면 군대에서 병참이 가장 중요하잖아요. 연구 분야에서도 학생들이 이렇게 공부할 수 있도록 충분한 자원을 공급해줄 필요가 있어요. 그게 중소기업 사장인 교수의 역할이죠.

　弟
　두식　　80년대 후반 형이 미국 유학 때 가끔 집으로 사진을 보내주곤 했잖아요. 미국 신문에 얼굴이 나온 적도 있죠? 그걸 보면 눈 보호장비 같은 걸 뒤집어쓰고 레이저를 쏘는 모습이 멋있었어요. (웃음) 지금도 학생들이 레이저를 쏘면서 실험을 하고 있는 건가요?

　兄
　대식　　네. 제가 나노광학을 한다고 할 때, '광학'이란 레이저를 쏘는 거고, '나노'는 그 대상이 되는 시료를 말하는 거예요. 1나노미터가 1미터의 10억분의 1인 건 아시죠. 우리 팀은 남이 잘 만들지 못하는 시료를 만들어서 빛의 파장의 1만분의 1밖에 안 되는 구조에 빛을 통과시킴으로써 그 안에서 일어나는 전쟁사를 보면 병참이 가장 중요하잖아요?
연구 분야에서도 학생들이 공부할 수 있도록
충분한 자원을 공급해줄 필요가 있어요.
그게 중소기업 사장인 교수의 역할이죠.

비전형적인 일을 관측하고 응용한 걸로 인정을 받아왔어요.

弟
두식 벡터장 현미경 같은 게 그런 응용의 결과물이죠? 신문을 보니 기존 현미경으로는 빛의 밝고 어두운 정도만 측정할 수 있는데, 현미경의 탐침 끝에 금속 나노입자를 붙여서 빛의 크기와 방향까지 알 수 있는 현미경을 만들었다고 하던데요. 그런 결과물로 돈을 벌 수도 있나요?

兄
대식 산업에서도 이용할 수 있는 길을 늘 찾고 있어요. 예를 들어 지금 삼성에서 25나노 정도로 선을 그리는데, 그걸 15나노로 그릴 수 있도록 한다면 멋진 프로젝트가 되겠죠.

弟
두식 결국 중소기업처럼 미래를 예측해서 연구비를 따고, 실험을 계속하는 게 과학자의 주된 일이군요. 그게 전부인가요?

兄
대식 그밖에 다른 과학자들의 논문을 심사하는 일도 중요해요. 국내뿐만 아니라 국제적으로 논문쓰기와 심사가 늘 진행되고 있으니까요. 논문심사는 익명성을 보장받기 때문에 가면 뒤에 숨어서 하는 업무인 셈이에요. 저의 동선에서 가장 중요한 건 논문심사예요. 그리고 학생들한테 가서 "어젯밤에 무슨 결과가 있었나? 뭘 발견했어? 밥 먹은 값 했어?" 하고 묻는 것도 일이죠.

弟 두식 매일 성과가 나올 리는 없으니 대부분의 학생들은 거기 답할 만한 얘깃거리가 없을 것 같은데요.

兄 대식 그래도 긴장을 유지하기 위해 매일 묻지 않을 수 없어요. 열명 중에 한명이라도 "어젯밤에 뭐 이상한 걸 봤다, 안 나오던 결과가 나온 것 같다"라고 했을 때 제가 그걸 놓치면 안 되니까요. 그것 말고도 과학자가 해야 할 잡일은 많아요. 보고서 써야 하고, 같이 일하는 외국 과학자들에게 계속 전화해야 하고…

그래도 역시 무엇보다 중요한 건 앞으로 뭘 할 건지 고민하는 일이에요. 학생들하고도 그때그때 일주일에 세번쯤 다섯명 정도가 모여 전략회의를 합니다. '지금 이런 결과가 있는데 어떻게 내러티브를 만들어서 어떤 저널에 낼까?' 하는 걸 의논하죠. 또 '경쟁그룹이 뭘 하고 있을까, 어떻게 좋은 논문을 써서 개네들을 물 먹일까, 개네들은 우리를 물 먹일 거리로 뭘 준비하고 있을까' 하는 등의 얘기를 나누죠. 좋은 논문을 쓰려면 시간이 많이 걸려요. 『네이처』*Nature* 같은 데 논문을 내려면 1년 반을 생각해야 하고 매끄러운 내러티브를 만드는 데도 6개월은 걸리니까요. 조금이라도 흠이 있으면 여지없이 공격이 들어오고.

『사이언스』
논문 전쟁

弟
두식   『네이처』나 『사이언스』*Science*는 심사기간도 오래 걸리죠?

兄
대식   그렇죠. 저희 팀이 논문을 많이 내는 『옵틱스 익스프레스』*Optics Express*처럼 사람들이 '용서'해주는 보통 수준의 SCI 저널은 똑같은 논문이 와도 심사하는 입장에서 '그냥 해주지 뭐' 이렇게 돼요. 반면에 『네이처』에서 심사 부탁이 오면 심사자들이 무시무시한 눈으로 공격적인 심사를 하죠. '내가 지난번에 냈다가 떨어졌던 것보다 수준이 떨어지는 논문을 이 자식이 냈네.' 그럼 틀렸다 맞았다가 문제가 아니라 얼마나 완벽한지 일단 꼬투리부터 잡으려고 하는 거죠. 과학자들도 다 상처입은 영혼이거든요. 그래서 전략이 필요해요.

세계에서 아주 잘나가는 그룹이 있고 내가 그걸 따라가는 상황을 생각해보세요. 그럴 때는 『네이처』나 『사이언스』에서 정면승부를 할 수도 있지만, 저쪽과 비슷한 결과를 내가 갖고 있을 때 좀 후진 저널에 우리 결과를 먼저 내버리는 것도 방법이에요. 막말로 같이 죽는 거죠. 나도 후진 저널에 내서 손해를 보지만, 저쪽 그룹은 몇년 준비한 내용을 우리 쪽에서 먼저 내버려서 어디에도 그 결과를 내지 못하게 되니까요.

弟
두식 좀 비겁한 술수 아닌가요?

兄
대식 비겁하지만 필요한 일이기도 합니다. 연구 분야를 갖는
다는 것은 빈 땅에 내 집을 짓는 것과 같아요. 땅을 먼저
차지하고 미리 머릿돌을 놓는 등 집을 짓기 위해서는 살벌한 경
쟁을 피해서는 안 돼요. 과학자들이 고상한 세계에 사는 것처럼
보이지만 실제로는 온갖 치사한 일이 다 벌어져요.

예를 들면 자기 분야의 다른 학자들이 쓴 논문을 뻔히 읽어놓
고도 완전히 모른 척하는 경우가 많아요. 빈익빈 부익부라서 잘
나가는 그룹은 다른 조그만 그룹을 무시하고 밟아요. 조그만 그룹
의 실적을 슬쩍 가져와서 발전시킨 다음 '몰랐다, 미안하다' 그러
고 넘어갈 때도 있어요. 대기업과 중소기업 사이에서 벌어지는
온갖 나쁜 일들이 과학계에서 그대로 벌어진다고 보면 됩니다.

그런 상황에서 조그만 그룹은 어떻게 싸워야 하느냐. 상황에
따라서 처음에는 제대로 인정받는 걸 포기하고 일단 코너에다
자기 돌들부터 넣어놓는 거예요. 파운데이션 스톤 foundation stone들
을 몇 개 넣어 그물을 쳐놓으면 세계적인 그룹들이 나중에는 인
정을 안 할 수 없는 경우가 생기죠. 그런 전략을 학생들과 짜야
해요. '쟤네들이 이거 하고 있는 것 같은데 우리가 먼저 내자. 팔
을 자르는 기분으로 해버리자.' 당장 눈앞의 이익은 포기하지만,
장기적으로는 포기하는 게 아니라는 믿음이 필요하죠. 이번에
는 버리지만 그다음 걸 노리자. 학생들은 이 과정에 참여함으로

써 싸움하는 법을 배울 수 있고요.

弟
두식

옛날에 전기 만들고 전화 만들 때처럼 지금도 세계의 경쟁그룹은 상대방의 존재를 알고 속도 경쟁을 하는 거군요.

兀
대식

연구자들끼리는 서로의 진행 속도를 당연히 알고 있고, 하는 일도 대충 파악하고 있죠. 테슬라와 에디슨이 전기를 만들면서 교류, 직류를 놓고 온갖 추문을 퍼뜨리며 싸운 것처럼 지금도 똑같은 일이 벌어지고 있는 거예요.

아인슈타인이 아프리카에서 태어났다면

弟
두식

우리나라 사람들의 머릿속에 있는 과학자의 모습은 주로 이론물리학자의 모습인 것 같아요. 실험실에서 몸으로 때우는 모습보다는 아인슈타인 같은 천재가 조용히 연구실에 들어가 혼자 고민하며 새로운 법칙을 만드는 모습을 연상하니까요. 천재는 이론물리학을 하고, 그렇지 못한 사람들이 실험물리학을 한다는 편견도 있지 않나요? 이론물리학과 실험물리학의 차이는 뭔가요? 굳이 나누자면 형은 실험물리학자인 거죠?

형
대식 그런 셈이죠. 그러나 중요한 것은 이론과 실험의 차이가 아니에요. 요즘은 둘 사이에 근본적인 차이가 있는 것도 아니고요. 예컨대 우리 학생들 생활은 이래요. 아침에 실험실 나와서 차 한잔 하겠죠. 그리고 인터넷으로 스포츠경기 보다가 걸려서 5천원 벌금을 물어요. (웃음) 잠시 논문 보는 척하다가 망가진 기계 고치려고 회사에 전화도 하고, 광학거울을 구매하는 오더를 내고 연구비 정산도 하고, 시료 만들러 클린룸에 가서 작업하고 그러다 점심 먹고 밤에 레이저 켜고 실험 몇시간 하다 술 한잔 하든가 집에 가서 자겠죠.

그럼 이론물리학을 하는 사람은 앉아서 맨날 컴퓨터만 보느냐? 그렇지 않아요. 그럴 수도 없고 그래서도 안 돼요. 옛날에 물리학은 종이와 연필만 있으면 된다는 환상이 있었어요. 그 환상은 문제를 개인적 차원에서만 바라보다보니 생긴 거예요. 혼자 골방에 들어가서 연필과 종이만 가지고 새로운 이론을 만들었다? 물론 있을 수 있는 일이죠. 그래서 흔히 우리나라는 실험 기자재를 갖출 충분한 여유가 없으니 이론물리학을 해야 한다는 생각이 횡행하기도 해요. 그 생각이 아주 틀린 것은 아니지만 거기에는 함정이 있어요. 문화적인 면이나 경쟁적인 구조 전체는 생각하지 않고 너무 쉽게 '나도 할 수 있다, 우리도 할 수 있다'는 결론으로 가는 거예요. 주어진 여건에서 인프라를 구축할 의지를 너무 빨리 포기하고 개인 역량에만 기대는 거죠.

동생도 말했듯이 천재 하면 아인슈타인 아니겠어요? 그러나 아인슈타인은 유럽이라고 하는 특수한 환경, 인프라에서 나온 사람이에요. 유럽은 몇백년 동안 식민지를 착취해서 얻은 부富로 엄청난 인프라를 구축했어요. 지금 미국 이상의 인프라가 있었고, 거기서 만들어진 수백만명의 인재 풀에서 아인슈타인 하나가 나온 거라고요. 아인슈타인이 아프리카에서 태어났다고 생각해보세요. 아무리 천재라고 해도 뭐가 됐을까요? 과학은커녕 민족해방운동하다가 고문당해 죽었을지 몰라요. 혹은 식민지 학교에서 선생님 노릇 하다가 말년에 민족반역자로 몰려 죽음을 당했을 수도 있고요.

아인슈타인이 천재인데다가 개인적으로 열심히 연구한 것은 사실이라 하더라도 유럽이라고 하는 거대한 과학의 인프라 없이는 아무 일도 못 했을 거예요. 그 인프라 얘기를 쏙 빼놓고 지금 우리도 혼자 책 읽고 열심히 하면 될 거라고 생각하는 건 굉장히 나이브한 거예요. 마치 이론은 우리가 해도 금방 뭐가 될 것처럼, 우리가 해도 바로 경쟁력을 갖출 수 있는 것처럼 생각하지만 전혀 아니에요. 오히려 이론 쪽이 더 어려울 수도 있는 게, 이론은 말싸움이거든요. 유대인들, 영국인들이 하는 말싸움에 끼어들어 우리가 이기는 게 문화적으로 쉬운 일이 아니에요.

弟
두식   그렇게 보면 한국 여건에서는 오히려 실험 쪽이 가능성이 있을 수도 있겠군요?

형
대식　내가 실험을 하는 사람이라고 해서 그렇게 쉽게 얘기할 수는 없어요. 다만 이론과 실험을 가르는 것보다는 다른 관점에서 생각해볼 필요가 있다는 거예요. 지금은 이론이나 실험의 차이를 떠나서 우리 것을 만들어야 될 때예요.

아까 집을 짓는다는 얘기를 했는데, 지금까지 저를 포함해서 우리나라 과학자들이 해온 건 이런 거예요. 이집트 왕이 수만명을 동원해서 피라미드를 짓고 있어요. 어디 한군데 돌이 빠진 곳이 있으면 노예들이 잽싸게 뛰어가서 거기를 막아요. 그렇게 막으면 파라오가 그 노예에게 박수를 치고 상도 줘요. 그러나 피라미드가 완성되었을 때 그게 노예 것이 되나요? 파라오의 피라미드일 뿐이죠. 피라미드를 만드는 데 동원된 노예들이 밖에 나와서 "내가 피라미드를 만들었다"라고 해봐야 누구도 인정하지 않잖아요. 물론 노예는 자기가 만들었다고 착각할 수 있죠. 우리 과학이 그랬어요. 자기 집을 짓지는 못하고 미국의 지도교수가 집을 짓는 데 가서 구멍 나는 곳의 돌멩이만 채워준 거예요. 남의 집 짓는 데 가서 남이 필요로 하는 부분만 해줬을 뿐이에요. 물론 지도교수는 "너 정말 잘했어. 내가 본 학생 중에 네가 최고야"라고 말해주겠죠. 대가들은 그렇게 좋은 말을 하면서 아랫사람들을 부려요. 그런데 실제로 우리가 한 일은 전체 집의 아주 조그만 부분이에요. 자기 집을 지어본 적도 없고 가져본 적도 없어요.

우리가 해야 할 일은 조그맣더라도, 1층짜리더라도 우리 집을

아인슈타인도 유럽이라고 하는 거대한
과학의 인프라 없이는 아무 일도 못 했을 거예요.
우리도 혼자 책 읽고 열심히 하면 될 거라고
생각하는 건 굉장히 나이브한 거예요.

짓는 거예요. 우리 집을 지을 수 있는 인프라를 구축하는 데 이론과 실험의 차이도 없고요.

弟 두식　자기 집을 지어야 한다, 인프라 구축이 중요하다는 얘기는 앞으로 계속될 테니, 오늘은 독자들에게 형을 소개한다는 의미에서 과학자의 생활 이야기를 마무리하기로 하죠. 과학자와 학생들의 삶이 중소기업 사장이나 직원과 비슷하다면 이런 문제는 없을까요? 예를 들면 중소기업 직원들이 흔히 '우리 사장은 놀고먹으면서 돈은 지가 다 가져간다' 생각하듯이 학생들도 교수에 대해 그렇게 생각하는 건 아닐까요? 학생들이 볼 때 교수는 오후에 잠깐 회의하고 저녁 때 얼굴 비치고 아침에 와서 어제 새로 나온 거 있나 물어보기만 하는 사람일 수도 있잖아요. 교수 입장에서는 '내가 너희들을 먹여 살리기 위해 연구비 따느라 여기저기 뛰어다니는데 너희는 공부도 안 하고 놀고 있느냐' 뭐 이렇게 볼 수도 있고요. 그런 오해는 없나요?

兄 대식　당연히 그런 문제가 있죠. 아픈 얘기인데요, 구조적인 문제예요. 연구실이 제대로 돌아가려면 어느정도는 그럴 수밖에 없기도 해요. 학생들은 교수를 욕할 수밖에 없고 교수도 중소기업 사장처럼 굴 수밖에 없는 사정이 있어요. 예를 들어 저 같은 경우에도 학생들한테 항상 "내가 매일 올 필요도 없이 내 얘기를 녹음해놓으면 되겠다"라고 말해요. 내가 늘 똑같은

말만 하니까. 아예 인형에 "어제 뭐 발견했냐? 밥값은 하는 거야? 부끄럽지 않아? 나라 세금으로"라고 녹음해놓고 아침마다 들려주면 어떨까 싶기도 해요.

그러나 그것도 결국은 상대적인 문제예요. 우리 회사와 옆의 중소기업을 비교해 사장이 얼마나 열심히 하느냐, 회사가 실제로 어떻게 돌아가는지 아느냐 아니면 아무것도 모르느냐를 판단할 수밖에 없죠. 가장 치명적인 건 사장이 방향을 잃는 거예요. 방향을 잃는다는 게 무서운데, 과학자가 방향을 잃으면 우울증이 와요. 그건 100퍼센트 그렇습니다. 밖에서 아무리 잘나가고 강연 다니고 연구비 몇십억씩 따도 방향을 잃은 사람은 우울증이 옵니다. 선수들끼리 서로 보면 금방 알아요.

그나마 미래가 조금이라도 보일 때는 괴로워하기라도 해요. 그러나 그것마저 완전히 잃어버리면 학생들에게 거짓말을 하기 시작해요. "너희들의 독립성을 키워주기 위해서 너희들을 최대한 그냥 놓아두겠다. 너희들 스스로 방향을 잡고 스스로 배워야 해. 그렇게 잡초처럼 성장해야 큰 학자가 될 수 있어." 그럴듯하게 들리지만 학생들을 속이는 거예요. 학생들이 어떻게 스스로 방향을 잡고 스스로 배우겠어요. 처음에는 교수가 방향을 제시해줘야죠. 한동안은 그런 거짓말이 통해요. 얼마 후에는 교수 자신도 자기 거짓말을 믿게 되죠. 그렇게 되면 교수가 할 일은 아무것도 없어져요. 논문을 읽을 필요도 없고. 사실은 자기 편하려고 하는 소리죠. 저에게도 가장 아프게 해당되는 이야기입니다.

弟
두식　얘기 듣다보니 저야말로 많이 찔리네요. 대개 교수들을 세종류로 구분하잖아요. 학생들에게 자세한 길을 알려주고 열심히 가르치면서 그만큼 학생들을 부려먹는 교수, 학생들에게 아무것도 가르쳐주지 않고 그렇다고 부려먹지도 않는 교수, 학생들에게 아무것도 가르쳐주지 않으면서 부려먹기만 하는 교수. 저는 문과인데다가 대학원생이 거의 없는 학과에서 일하고 있어서 대학원생을 개인적으로 지도할 일이 워낙 적어요. 그래도 굳이 분류하자면 아마 두번째에 속할 거예요. 형의 기준에 따르자면 저도 문제가 많은 교수죠.

잘 모르는 외부 사람의 눈에는 사실 두번째 부류, 심지어는 세번째 부류에 속하는 교수가 한국을 대표하는 학자로 보일 수도 있을 거예요. 대학원에 진학한 학생들도 외부 지명도만 가지고 지도교수를 선택하는 경우가 많잖아요. 불성실한 교수이면서 유난히 대학원생을 모으는 데만 열심인 사람들도 있고요. 그런 교수들일수록 자기가 열심히 하지 않는 걸 은폐하기 위해서 더더욱 우수한 대학원생 유치에 열을 올리기도 하죠. 그런 교수 밑에 가면 학생 인생 망치는 건데, 학생들은 잘 모르니까요.

兄
대식　아, 예리하시네요. (웃음) 맞아요.

황우석 같은 과학자도
필요하다?

弟
두식　예전에 황우석 교수 사태가 나기 전에 "저 사람 좀 이상하다"라는 얘기를 형이 자주 했던 기억이 나요. 자기 실험실을 제대로 움직이고 있는 교수라면 저렇게 계속 텔레비전에 나올 수 없다는 걸 지적했었죠. 어느때이던가는 황교수가 "더이상 인터뷰를 안 하겠다"라는 인터뷰를 한 적도 있잖아요. 그러고 얼마 후 황우석 사건이 터졌고요.

당시 저는 법무부 정책위원을 하고 있었는데, 황교수가 기자회견하던 바로 그날 법무부에서 회의가 있었어요. 기자회견으로 황교수의 모든 의혹은 해소되었다는 여론이 지배적인 때였죠. 제가 "아무리 봐도 황우석 교수가 이상하다. 문제가 더 커질 거다"라고 이야기하니, 법무부차관이 "아직도 김두식 교수는 황교수를 못 믿는 모양"이라고 고개를 갸우뚱하더라고요. 그분도 나중에 장관을 한 분인데, 그 얘기 들으면서 '아, 언제부터 과학이 믿음의 문제가 됐나?' 생각했던 기억이 나요. 황우석 사건 때 형의 이야기를 들으면서 '자연과학자의 눈에는 거짓이 빨리 잡히는구나' 생각했어요.

兄
대식　황교수에 대해서 제가 이상하다고 느꼈던 것은 사실이지만, 여기서 잊지 말아야 할 게 있어요. 어쨌든 황교수는 자기 기술이 있었던 사람이에요. 그 점에서 훌륭한 사람이고요. 우리나라 여건에서 앞으로 세계적으로 뜰 분야가 뭔지를 예측했다는 것만 해도 굉장한 거예요. 성급하게 조작만 하지 않았어도 곧 세계로 나아갈 수 있었죠.

같은 학교이기는 해도 저는 그 당시 황교수를 잘 몰랐는데, 매스컴에서 보고 이상하다고 느끼기는 했어요. 사건 터지기 몇달 전에 이분이 학장을 하고 싶어한다는 얘기가 들리더라고요. 세계적으로 진짜 잘나가는 과학자는 학장 같은 걸 하기 싫어하거든요. 그때 '너무 튄다. 좀 이상하다'는 느낌을 받았죠. 과학자들의 경우 학장은 하기 싫은데 억지로 하는 경우가 많아요. 자기가 하고 싶어하는 경우는 많지 않습니다. 반면에 과학자로서 미래가 보이지 않을 때 종종 학장이나 정치 같은 다른 길로 나가요. 다른 길로 가면 과학자로서 실패한 게 덮이는 면도 있고요.

그러나 어쨌든 황우석 교수는 우리나라에서 흔치 않게 자기 집을 지을 수 있었던 사람입니다. 자기 집을 짓기 위해서는 경우에 따라서 약간씩 들이대는 것도 필요하거든요. 중소기업 사장에게는 맨날 대기업 가서 굽실거리다가도 결정적인 순간에 "너만 잘났어? 한판 붙어보자" 하는 끼가 필요한데, 그걸 아시케나지 유대인들Ashkenazi Jews의 이디시어로는 후츠파chutzpah라고 하죠. 황교수에게는 세계 학계에 나가서 부딪치고자 하는 그런 기질이 있었어요. 우리나라에서 공부 잘하는 사람들은 그런 깡패 기

운이 너무 없거든요. 이런 끼와 장인정신은 약간 겹치는 부분이 있어요. 둘 다 끝까지 간다는 특징이 있죠. 장인과 그냥 공부만 잘하는 모범생은 바로 이런 끝까지 가는 정신의 유무에 차이가 있어요. 앞으로 제가 하고 싶은 이야기인 장인 DNA와 장원급제 DNA의 차이도 거기에 있고요. 물론 황교수에게 그런 장인정신이 있었다고 해서, 맨날 인터뷰하러 다니고 결과를 조작한 것까지 면죄부를 받는 건 아니지만.

弟
두식

2012년에 서울대 학술연구상을 타셨죠. 이건 서울대에서 공부를 열심히 한 교수한테 주는 거죠?

兄
대식

네. 운 좋게 받은 상이지만 외부의 어떤 상보다도 자랑스럽게 생각합니다.

弟
두식

신문기사를 찾아보니까, 2009년에 광학 분야 국제학술지 『네이처 포토닉스』*Nature Photonics*에 발표한 연구결과는 국제 광학계에 센세이션을 일으켰더군요. 이 논문이 나오기 전까지는 굉장히 빨리 진동하는 빛은 실험하신 정도의 미세한 공간을 당연히 지나갈 수 없다고 생각해서 아무도 실험 시도조차 안 했다. 그런데 이후에 많은 외국 연구팀이 우리의 실험을 재현하고 발전시키면서 새로운 영역을 개척하고 있다, 뭐 이런 내용이던데.『네이처 포토닉스』는『네이처』자매지인가요?

형
대식

네. 빨리 진동하는 빛이라기보다는 파장이 긴 빛을 썼습니다. 파장이 길다는 건 파장이 밀리미터 정도라는 얘기인데, 눈에는 안 보이는 빛이죠. 눈에 보이는 빛보다 파장이 천배 정도 큰 빛이 나노미터 구멍으로 들어가는 걸 저희가 보여준 연구였어요. 좀 과장하자면 저희가 머릿돌을 놓았다고 볼 수 있죠. 당시에는 연구자들이 대부분 10분의 1 정도의 구멍 크기에서 놀고 있었어요. 기하학적으로 동그란 구멍이 아니라 길쭉한 구멍이니까 폭이 중요하거든요. 어느날 학생들하고 "파장의 5분의 1과 10분의 1이 비슷한데, 그렇다면 100분의 1, 1000분의 1, 10000분의 1까지 가도 실험이 될까" 하는 이야기를 나눴어요. 한번 상상을 해본 거죠.

그런데 일단 시료 만들기가 어려웠어요. 금속에다가 나노미터 정도 되는 아주 얇은 금을 그어 시료를 만들어야 했거든요. 빛이 집속이 되어 이 금을 통과하는 걸 보여줘야 하는데, 박형렬 박사라고 지금 미네소타대학에서 박사후과정을 하는 친구가 그걸 만들어냈어요. 키스트에서 일하는 서민아 박사가 실험을 했고요. 실제로 통과를 하더군요. 실험하기 전에 제가 후배 교수한테 "신호 나올 것 같아?" 하고 물어봤어요. 금방 답이 나오더군요. "아니요. 안 나오죠, 당연히."

연구를 하다보면 아무래도 결과가 나올 만한 실험을 하게 되거든요. 생각처럼 잘 안 되었을 때 시간적·물질적 손해가 워낙 크기 때문에 안 될 일은 시도를 할 수가 없어요. 그런데 그때는 무조건 해보자 하고 그냥 밀고 나갔어요. 약간의 믿음도 있었죠. '이만큼 간격을 좁힐 수 있다면 끝까지 좁혀도 결과가 나올 수 있는 것 아니냐' 하는 간단한 직관이었는데, 그게 대단한 성공을 한 거죠. 덕분에 약간의 키워드를 선점했고, 최근에는 100만분의 1까지 가는 이야기를 나누고 있어요. 그 실험을 통해서 우리 실험실은 '될지 안 될지 모르는 걸 해보는' 후츠파를 갖게 된 거죠. 5년을 바라보고 투자할 수 있는 정신, 장기적으로 보고 모험을 해보는 문화를 만든 거예요.

그 실험은 박규환 고려대 교수님이 공동 주저자인데, 이론을 하는 박교수님과 학회에서 거의 밤새워 이야기를 나누면서 이론을 만들었어요. 또 서울대 전기공학부 박남규 교수님과 구석모 학생이 매우 어려운 컴퓨터 계산을 해주셨지요.

弟
두식
그걸 만들던 시기에 저에게 그림을 그려가며 열심히 설명하던 기억이 나네요. 그걸 들으면서 과학자도 나름 참 열심히 산다고 생각했죠. 뭔 소리인지는 못 알아들었지만. (웃음)

3장

—

악동 출신의 31세 서울대 교수

"반에서 20등이
꿈이었습니다"

弟 두식   2011년에 미국물리학회APS, American Physical Society 펠로, 미국광학회OSA, The Optical Society of America의 펠로가 됐죠. 미국물리학회 펠로는 상당한 영예더군요. 과학자로 그런대로 성공한 편인데, 굳이 과학자의 길을 선택한 이유는 뭔가요? 대학 입학 때 아버지는 의대에 가기를 바라셨죠?

兄 대식   원래 우리 집이 외가 쪽으로는 이과 성향이 강하잖아요. 월북한 큰외삼촌은 전기공학과를 다녔고, 평생을 교사로 살았던 둘째 외삼촌은 물리교육과를 나왔으니까. 저는 어릴 때부터 동물이나 곤충을 좋아했어요. 「동물의 왕국」을 즐

겨 보면서 어느 시점에선가 조류학자가 꿈이라고 말하기 시작했죠. 조류학자는 못 되고 물리학자가 됐지만요. 우리 자랄 때는 꿈이 뭐냐고 물으면 다들 과학자라고 대답했어요. 알다시피 저는 초등학교 때 공부를 잘하지 못해서 반에서 20등 안에 드는 게 꿈이었어요. 왜냐하면 매달 시험을 쳐서 50명 정도 되는 한반에서 남자 열명, 여자 열명에게 우등상을 줬거든요. 앞에 나가서 그걸 받는 애들이 늘 부러웠어요. 나도 꼭 한번 받고 싶었는데 졸업 때까지 결국 한번도 못 받았어요. 공부 잘하는 애들이 다들 꿈을 과학자라고 하니까 나도 공부를 잘해보고 싶은 욕망이 있어서 과학자의 꿈을 가진 것 같기도 하고.

弟
두식　초등학교 때 형에게 공부 잘하고 싶은 욕망이 있었다니 믿을 수가 없군요. (웃음) 그 시절 형은 북악산 기슭에서 가재나 메뚜기를 잡으러 다니며 대부분의 시간을 보냈잖아요. 서울 한복판에서 산딸기를 따 먹었다는 걸 우리 애들은 이해할 수가 없을 거예요. 당시에도 많은 친구들은 학교 끝나면 과외 받으러 다니는 분위기였는데 우리 형제는 과외를 안 받았죠. 어머니께서 좀 방임적인 교육철학을 가지고 계셨잖아요.

兄
대식　학교 끝나고 집에 오면 담 너머로 가방을 휙 던져놓고 놀러 다녔기 때문에 4학년 때는 가방을 두번이나 홀라당 잃어버렸어요. 교과서까지 다 없어져서 학기 끝날 때까지

『표준전과』로 버텼죠. 선생님께 매일 혼났어요. "너 왜 교과서가 없어?" "가방을 잃어버렸어요." 그렇게 답하고 일단 넘어갔지만 일주일 후에 선생님은 그걸 잊어버려서 또 물어보고 또 혼내셨어요. 가방을 두번 잃어버려서 두 학기를 그렇게 보내고 나니 이제 그만 놀고 공부를 한번 잘해보고 싶더라고요. 그런데 잘 안됐어요. 수학은 매일 79점. 가장 친하던 맹성조보다 정확히 3점 높았죠. 그러나 공부를 잘 못했기 때문에 제가 얻은 것도 많아요. 초등학교 내내 공부 잘하는 애들과는 완전히 다른 부류에 속해 있었기 때문에 개들을 충분히 관찰할 수가 있었거든요. 종種이 다른, 약간 아웃사이더 입장에서요.

🏵 **弟**
두 식　관찰해보니 공부 잘하는 애들의 특징이 뭐던가요?

🏵 **兄**
대 식　여성비하적이라고 욕먹을 수도 있겠지만, 우리 초등학교 때 식으로 표현하자면, 공부 잘하는 애들은 남자들도 좀 계집애 같았어요. 잘 울기도 하고. 육체적인 부분에서 약하다고 해야 하나. 운동을 못한다는 의미는 아니고 그냥 몸의 위협에 굉장히 약했어요. 몸에 위협이 가해지면 금방 깨갱. 저는 공부를 못했기 때문에 안 그런 척했어요. 터프가이인 척하고 싸움도 많이 했죠. 그러다가 터지기도 많이 터졌어요. 그런데 제가 중학교, 고등학교 올라가면서 공부를 좀 잘하게 됐잖아요. 공부를 잘하게 되니 놀랍게도 저 역시 개들같이 변하더라고요.

弟
두식
　　생각해보면 제가 전형적으로 몸의 위협에 약한 사람이 잖아요. 제 평생 형 빼고는 누구하고도 주먹으로 싸운 기억이 없어요. 그건 저의 타고난 성격이라고 생각했는데, 아닐 수도 있겠네요. 형은 그걸 공부 잘한 애들의 특징으로 보는군요. 왜 그럴까요?

兄
대식
　　이유는 뚜렷하지 않지만 그게 일종의 문화예요. 공부를 잘하면 당연히 싸움을 못해야 한다고 모두들 믿고 받아들인 문화. 이런 게 참 무서워요. 공부 못하는 이 종에서 공부 잘하는 저 종으로 옮겨 감으로써 저는 그 양쪽을 다 습득했죠. 서울대 교수들을 보면 대부분 초등학교 때부터 늘 공부를 잘했던 사람들이에요. 늘 잘했기 때문에 자기가 공부 잘한다는 걸 별로 의식하지도 않고 살아요. 그런데 자기들은 모르는 문화적인 약점이 있죠. 공부 잘하는 사람들의 몇가지 병리적인 면pathology 중에서 두드러지는 게 싸움을 무서워하고 할 줄도 모른다는 거예요. 그런 부분이 어떻게 우리 사회를 갉아먹는지 앞으로 얘기해보고 싶네요.

弟
두식
　　우리 형제가 같은 초등학교, 중학교를 다녔기 때문에 그때 선생님들 중에는 제가 누구 동생인지 아는 분들이 많았어요. 초등학교 때는 "네가 진짜 그 대식이 동생이냐?" 하는 눈길을 자주 받았죠. 둘이 워낙 달랐으니까요. 중학교 때부터 형의 성적이 수직 상승을 했고, 좁은 동네라 소문도 빨랐어요. 그래서 제가 중학교 들어갔을 때는 형이 이미 꽤 유명한 인물이라 저도 덕을 좀 봤죠. 중학교 때 갑자기 공부를 잘하게 된 계기는 뭐였죠?

대식 안 그런 척했지만 공부 못하는 게 서러웠겠지. 주눅이 들고. 초등학교 5, 6학년 때 수학경시대회 나가는 애들만 밤늦게까지 학교에 따로 남아 공부를 했는데, 그게 부러워졌어요. 그게 부러워졌다는 게 이미 제 내면의 어떤 변화를 의미하는 거죠. 우리 형제가 키가 크거나 잘생기거나 운동을 잘하는 것도 아니었잖아요. 집안이 잘사는 것도 아니고. 거기다가 맨날 놀다보니까 지겨워지기도 했겠지. 친구 집을 하루에 열군데씩 찾아다녀도 같이 놀아줄 친구가 없어요. 다들 공부하니까. 그때 느낀 외로움. 성인만화 보고 집에 늦게 들어갈 때, 겨울밤에 혼자 집에 돌아올 때 느끼는 외로움, 쓸쓸함.

중학교 들어가기 직전 겨울방학 때는 너무 놀아서 분위기 망칠 애라고 과외에서도 학원에서도 처음에 나를 안 받아줬잖아. 초등학교 내내 저축한 돈을 졸업 직전에 받아서는 하루에 다 쓰느라 종로바닥에서 놀다가 늦게 들어가서 그나마 나를 받아준 학원에서도 쫓겨나고. 결국 혼자 공부하는데 1차 방정식은 새벽 네시까지 붙들고 있어도 이해를 못 하겠는 거야. 철수가 자전거를 타고 한시간 전에 떠나서 몇킬로미터를 가고, 영희는 자가

초등학교 때 형에게 공부 잘하고
싶은 욕망이 있었다니 믿을 수가 없군요.

생각해보면 그때 저에게는
'악동의 피로감'이 있었어요.

용을 타고 좀더 빨리 쫓아가는데 둘이 언제 만나고 뭐 그런 문제들. 완전 취약이었어요. 새벽 네시까지 거의 눈물이 날 정도로 공부하는데 안 되는 거야. 그때 제가 썼던 방법은 '오케이, 오늘 네시까지 했으니까 내일도 네시까지 한다.' 그냥 새벽까지 무식하게 교과서를 보고 있는 거죠. 초등학교 때는 아홉시면 자다가 중학교 가서 처음 자정을 넘기기 시작했어요. 잠이 오면 세수하면서 버티고. 워낙 초등학교 때 놀았기 때문에 체력만큼은 넘쳐나는 상황이라 가능했던 거죠. 공부를 열심히 안 하면서도 늘 성적이 좋았던 동생은 아마 잘 이해를 못 할 거예요. (웃음)

弟
두식   나이 차이 많은 누나와 형이 있는 게 저한테는 큰 도움이 됐겠죠. 누나하고 형이 학교 가서 제가 혼자 집에 있을 때 심심하면 누나하고 형이 두고 간 교과서를 읽던 기억이 나니까요. 너무 심심하면 스무권짜리 백과사전을 한 항목씩 읽기도 했고요. 재미있는 건 제 기억에도 형의 기억에도 이런 장면에서 부모님은 잘 등장하지 않는다는 거예요. 놀랍도록 우리를 방임하셨죠.

兄
대식   어머니는 늘 편찮으셨고, 아버지는 어머니를 돌본다고 정신없으셔서 우리 공부에는 거의 신경을 못 쓰셨으니까.

악동의
피로감

弟
두식   중학교 시절에 형이 소설책을 참 열심히 읽었던 기억이 나요. 돈만 생기면 삼중당 문고를 사서 밤늦게까지 공부하는 틈틈이 읽곤 했죠. 형이 헤르만 헤세, 에리히 마리아 레마르크, 로맹 롤랑, 앙드레 말로 같은 작가를 워낙 좋아해서 초등학생인 저까지 덩달아 그 책들을 읽을 정도였어요. 특히 『장 크리스토프』에 푹 빠져 지냈죠?

兄
대식   중학교 때는 『장 크리스토프』에도 빠져 지냈고, 당연히 『데미안』도 좋아했고. 사실은 초등학교 때 그렇게 공부를 못해도 책 읽는 건 무척 좋아했어요. 특히 무협지를. (웃음) 성인만화도 많이 봤죠. 그때는 『김성주의 침실』, 뭐 그런 만화들이 있었어요. 김일성의 본명이 김성주라고 해서, 거기에 꿰맞춘 야한 만화를 만들었던 거예요. 만화방 가면 어린이용이랑 성인용이 따로 진열되어 있었는데, 초등학생이 성인용을 본다고 뭐라고 하는 사람도 없었어요. 70년대 중반에 만화방이 당국의 철퇴를 맞아 사라질 때까지는.

弟
두식   책만 읽은 게 아니라 일기도 쓰고, 교회도 열심히 다녔죠. 옆에서 관찰한 제 입장에서는 형의 그런 급격한 변화가 무척 인상적이었어요. 그 일기들은 아직도 가지고 있나요?

兄 대식 아직 있을 거야. 그때는 초등학교에서 중학교 가면서 완전히 새로운 사람으로 거듭나야겠다는 생각을 했던 것 같아요. 모범생이란 무엇인가 상상해보고, 모범생이 할 법한 일은 빠짐없이 해본 거죠. 초등학교 때까지는 단추가 거의 다 뜯어진 옷을 입고 다녔는데 중학교에서는 교복의 후크 한번 풀지 않았어요. 초등학교 때는 한번도 쓰지 않았던 일기도 새로 쓰기 시작했고요. 생각해보면 그때 저에게는 '악동의 피로감'이 있었어요. 겨울은 길고 다섯시면 깜깜해지는데 늦게까지 만화를 보다가 혼자 집에 간단 말이에요. 친구들은 이미 오래전에 다 집에 갔고, 노을 지는데 홀로 집에 가다보면 외로움이 확 밀려왔어요. 외로움, 악동의 피로감. '할 만큼 했다. 싸움도 할 만큼 했고 터지는 것도 해봤고.' 그런 게 좀 있었던 것 같아. 그러면서 한번에 그냥 인생을 틀어버린 거죠. 악동에서 모범생으로.

弟 두식 그때랑 비교를 해보면 요즘 형은 외국 다녀올 때마다 주로 역사책들만 사가지고 와요. 미국독립전쟁이나 프랑스혁명 전후 시기의 책을 많이 읽고, 문학은 손을 놓은 것 같은데 특별한 이유가 있나요?

형
대식 그러네. 재미있네. 이유는 나도 잘 모르겠어요.

弟
두식 그렇다고 끝까지 모범생이기만 했던 건 아니잖아요. 고3 때는 시험 중에 친구에게 답안지를 보여줬다가 걸려서 하마터면 학교에서 잘릴 뻔하기도 했죠. 전국 수석을 할지도 모른다고 기대를 모으던 학생의 행동치고는 좀 지나친 일탈인데, 도대체 왜 그랬는지 늘 궁금했어요.

형
대식 벼락부자 심리 같은 게 있었어요. 로또 당첨되어서 졸지에 부자가 되고 나니 주변에 막 나눠 주고 싶은 마음. (웃음) 중학교 때 마음잡고 공부를 시작했지만 전교 1등은 아니었어요. 고3 때 가서야 전교 1등을 해봤죠. 과외 없이 혼자 공부하면서 그렇게 된 건데 그게 수학하고 관련이 있어요. 그전에는 제가 수학을 잘하지 못했어요. 초등학교 때부터 늘 수학이 약점이었죠. 그런데 고2 때 혼자 미적분을 하는데 극한으로 날린다는 게 어느 순간 너무 재미있는 거예요. 그때는 『수학의 정석』에 미적분이 따로 있었는데 그걸 2주 만에 끝냈어요. 너무 재미있어서요. 수학이 재미있어지더라고요. 1차 방정식은 너무 헤맸는데, 미적분에서 재미를 붙인 거예요. 미적분에 응용으로 물리가 많이 나와서 자연스럽게 물리가 좋아졌고, 전공도 그리로 가게 됐죠. 지금 제가 하는 나노 연구도 말하자면 극한으로 가는 거예요.

弟
두식
뭐든 극단으로 밀어붙이는 형의 성향과도 관련이 있군요. 형이 다닌 대일고가 당시에는 나름 신흥명문이었죠? 한해에 서울대에만 60명씩 진학했고, 형의 선배들이 서울대에 수석 입학하기도 했어요. 계속 전교 1등 하는 맛이 좋았겠어요.

兄
대식
벼락부자가 되고 원하던 걸 이룬 거야. 초등학교 때의 제 모습과 고교에서 1등 하는 제 모습은 너무나 달랐죠. 옆에서 아부하는 애들도 생기고. 일단 목표를 이루고 나니 더이상 모범생일 필요가 없었어요. 그래서 소풍 가서 술 마시고 담배 피우고 다시 악동이 됐어요. 전교 1등이 되면서 악동이 될 권리를 되찾은 거지. 그런데도 1등을 계속하더라고.

1등이란 단순히 공부를 잘하는 게 아니라 다른 아이들을 정신적으로 제압하는 거예요. 테니스나 공부나 나중에는 정신력 싸움이니까요. 멘탈게임으로 일종의 문화를 만드는 거죠. 누가 1등인지 자리가 잡히고 나면 다른 애들은 '해도 쟤를 이길 수 없다'는 생각을 하게 돼요. 그때부터는 1등을 유지하기가 쉬워져요. 딴 애들이 '해도 안 된다'는 생각을 하는 순간 아무리 과외를 받고 밤을 새우고 최선을 다해도 집중도는 현저히 낮아지기 때문이죠. 친구들이 '해도 안 된다'는 생각에 눌려 있는 동안 저는 저대로 공부를 하니까, 결과적으로 그 친구들은 저만큼 열심히 안 하는 게 되는 거죠. 또 제가 밑바닥부터 1등까지 가봤기 때문에 다른 친구들은 모르는 혼자 터득한 노하우도 좀 있었죠.

弟 두식 재는 1등이다, 이른바 넘사벽(넘을 수 없는 4차원의 벽) 의 위치에 한번 가고 나면 그다음부터는 그냥 1등이 유지되는 거군요. 그런데 왜 커닝을 시켜준 거예요?

兄 대식 공부를 잘하니까 파워가 생기더라고. 술을 마셔도 담배를 피워도 모두 오케이. 오히려 더 유명해지는 거야. "저 새끼는 그러면서도 1등이네!" 갑자기 성공한 사람들이 망가지는 이유를 알겠더라고요. 벼락부자처럼 공부를 잘하게 된 상황에서 저보다 못하는 애에게 답안지를 보여줬고, 반에서 20등하던 애를 전교 20등으로 만들었어요. 원래는 우리 집에 친구들 두세명이 함께 자면서 제가 공부도 도와주고 그랬는데, 그러다가 선을 넘은 거지. 그래서 바로 걸렸죠.

弟 두식 갑자기 공부를 잘하게 되고 전교 1등을 계속했다고 해서 모두 형처럼 되는 것은 아니죠. 이래저래 형이 특이하기는 했어요. 지나치게 모험을 즐긴다고 해야 하나. 책 읽기를 좋아했던 형이 이과를 선택한 이유는 뭐죠?

兄 대식 문과, 이과 선택은 고1 때 했는데, 이과로 정하면서는 고민을 안 했어요. 당연히 이과 가는 거라고 생각했고.

그런데 고3 때 점수가 좋으니까 원하면 문과 쪽 어떤 과도 갈 수가 있었어요. 그래서 소설가 되겠다는 소리를 친구 조현호 박사에게 한 적은 있어요. 그때는 제가 글을 못 쓴다는 생각을 안 했어요. 대학교 때 교양과목은 성적이 형편없어요. 주관식으로 쓰고 점수를 받는 건 다 형편없었어요. (웃음) 이과 가기를 정말 잘한 거죠.

弟 두식 의대 가라는 얘기에도 흔들리지 않았던 이유는 뭔가요?

兄 대식 아버지가 맨날 실패한 옛날 친구들 얘기하면서 "자연과학을 하면 힘들다, 경제적으로 어렵다, 교수 되기는 거의 하늘의 별 따기다"라고 말씀하셨기 때문에 '내가 과연 재능이 있는가' 고민하기는 했죠. 그러나 저뿐만 아니라 많은 사람들이 그랬을 텐데, 약간의 이상주의랄까, 아무리 굶어 죽어도 학문을 하겠다는 젊음의 허세 같은 게 있어서 선택이 어렵지는 않았어요. 그 당시에는 아주 공부를 잘하면 물리를 한다는 분위기도 있었고.

弟 두식 형은 81학번이라 대학입학시험 직전에 전두환이 집권하면서 본고사가 폐지되었죠.

兄 대식 맞아. 그때까지는 본고사가 중요했어요. 원래 공부 좀

하는 애들은 10월까지 본고사만 준비하고, 예비고사는 11월 한 달만 준비해서 대학을 갔죠. 그 당시 정일학원에서 고등학생들 중 전국 몇등 안에 드는 애들만 모아서 본고사 대비 시험을 치게 하고, 성적이 좋으면 장학금을 줬어요.

80년 5월 그 시험을 치고 돌아오는데, 제가 걷기를 좋아해서 우리 집보다 몇 정거장 전인 동숭동에 내렸어요. 그런데 공수부대원들이 대학생들을 미친 듯이 패고 있는 거야. 피가 막 터지고. 특히 인상 깊었던 게 데모하는 게 아니라 그냥 데이트하던 남녀 대학생 중 남자애를 공수부대원들이 개작살을 냈어요. 여자가 좀 예뻤던 것 같아. 여대생은 막 우는데, 남자애를 서울대 의대 쪽 으슥한 곳으로 끌고 가서 더 패고.

그런 걸 보고 나서도 고3이 뭘 어쩔 도리는 없었어요. 그냥 꿋꿋이 공부를 계속할 수밖에요. 8월에 도서관에 있는데 친구들이 "야, 이제 나가서 놀자" 이러는 거야. 무슨 일인가 했더니 본고사가 없어졌다는 거예요. "야 이 새끼야, 거짓말하지 마" 그랬는데 진짜로 도서관에는 애들이 하나도 없고 운동장에 새까맣게 나가서 축구하고 있더라고요. 그때의 충격은 엄청났어요. 고3 중간에 입시제도가 완전히 바뀐 거니까. 지금 생각해보면 말도 안 되는 얘기죠. 80년의 고3들에게는 5월의 쇼크보다 8월의 쇼크가 더 컸어요.

弟 과외폐지는 군사정권이 인기를 얻기 위해 무식하게 밀
두식

제가 밑바닥부터 1등까지 가봤기 때문에
다른 친구들은 모르는 혼자 터득한
노하우도 좀 있었죠.

어붙인 정책이었지만, 국민들의 호응은 컸죠. 그 상황에서도 주변에는 몰래 과외를 하는 친구들이 많았어요. 대학입학하고 몇 년이 지난 후에야 조용히 "사실 고등학교 때 몰래 과외를 했었다"라고 고백한 고교 동창도 있었어요. 형 때는 과외가 극심한 시기였는데도 고집스럽게 과외를 하지 않은 이유가 있나요?

대식 동생은 한번도 과외를 한 적이 없지. 저는 중·고등학교 때 학원이나 그룹과외에 몇번 가본 적이 있어요. 아무나 오는 과외가 아니라 전교 몇등 해야 들어온다는 그런 곳. 당시에는 지역마다 그런 과외가 있었거든요. 그런데 금방 선생들의 트릭이 눈에 보이더라고요. 절대로 풀 수 없는 말도 안 되는 문제를 내서 애들한테 겁을 주면서 엄마들한테 돈을 왕창 뜯어내는 전략.

어느날은 과외에서 시험을 치는데 엄마들이 밖에 진을 치고 기다리는 거예요. 자기 애 성적을 보려고. 물론 우리 어머니는 안 계셨고요. 그렇게 기다리다가 애가 시험 치고 나오면 점수를 확인하는 거지. 자기 애 성적만 보는 게 아니라 제 답안지까지 거의 빼앗다시피 바로 확인했어요. 그런데 제 점수는 80점이고 그 집 애 점수는 60점인가밖에 안 되니까 그 자리에서 바로 "새로 온 대식이도 80점인데 너는 뭐냐?"라고 애를 막 다그치고, 심지어 선생님한테 달려가 항의도 했어요. 지금까지 과외에 계속 다닌 자기 아들이 왜 새로 온 대식이보다 못하냐, 당신들이 잘못 가르쳐서 이렇게 된 것 아니냐고 따지는 거죠. 그걸 보고 충격을 받아서 다시는 과외를 안 하겠다고 결심하고, 그뒤로는 전혀 안 했어요. 당시에는 과외를 안 하면 두려움을 느낄 수밖에 없었어요. 제가 모르는 어떤 비밀을 과외선생들이 가르쳐주지 않을까 하는 그런 불안함이 있었는데 죽어도 안 하겠다고 마음먹었기 때문에 그냥 오기로 버텼어요. 잘나간다는 시내 학원도 가봤는데 거기도 하루만 가고 말았어요. 전략이 과외선생이랑 비슷하더라고요.

그런 오기가 제게 있었던 것 같아요. 종교문제도 비슷한 게, 과학자가 되기로 결심하고 진화론을 배웠단 말이야. 물론 저만 배운 게 아니라 모두 진화론을 배웠죠. 중3 때 교회를 열심히 다닐 때였는데, '어, 진화론 이거 뭐야, 하나님이 없네' 그러면서 엄청난 고민을 했어요. 그러다 결정을 했어요. 교회는 다니지만 진화론이 맞다. 그러고는 한번도 입장을 바꾼 적이 없어요.

극단으로
밀어붙이는 힘

弟
두식 그때 우리 가족은 모두 혜화동의 혜성교회를 다녔는데, 형만 친구들 따라 성북동의 성북교회를 다녔죠. 성가대도 열심히 했던 걸로 기억하는데, 그러다가 어떻게 무신의 확신을 가지게 됐는지 모르겠어요. 과학자가 되기 위해서 꼭 신앙을 버려야 하는 건 아니잖아요?

兄 대식 저 나름대로의 순수성이었죠. 저에게는 친구들이 오히려 이상해 보였어요. 교회 다니는 친구들한테 물어보면 다들 회색이었거든요. 신앙 때문에 창조론이 옳고 진화론이 틀리다고 생각하면서도 시험 칠 때는 진화론을 쓰는 거예요. 그러면서 '나중에 우리가 훌륭한 과학자가 되면 그때 가서 창조론을 퍼뜨리자'는 식으로 자기합리화를 했어요. 저는 그러고 싶지 않았어요. 이 문제를 정리하고 넘어가고 싶었죠. 심각하게 고민하니 내세는 당연히 없는 거였어요. 살인이 나쁘다는 게 자명한 진리인 것처럼 제게는 내세가 없는 게 당연했고, 그건 지금도 그래요. 평소에는 우유부단하지만 제가 중요한 순간에는 그런 결정을 내리는 면이 있어요.

弟 두식 극단으로 밀어붙이는 힘, 형에게는 늘 그런 게 있었죠. 그러고 보면 저는 균형을 잡는답시고 평생 그런 형을 제지하는 역할만 한 것 같아요. 신앙에 대해서도 그랬죠. 이왕 예수 믿는 집안에 태어났으면 그냥 교회 다니면 되지, 왜 그렇게 버텨서 자꾸 분란을 만드느냐는 얘기를 많이 했고요. 하나님이 있다고 믿고 몸을 이쪽으로 던져보라고도 했죠. 적당히 타협하지 않고 괜한 마음고생을 하는 형이 답답하게 느껴졌던 것 같기

도 해요. 지금 생각하면 처음부터 형에게 먹혀들 소리는 아니었죠. (웃음)

兄 **대식** 지금도 제가 아내한테 끌려서 교회에 다니지만 종교라는 게 맞는 사람이 있고 안 맞는 사람이 있는 것 같아요. 예를 들어서 우리 아버지는 인생 후반기를 내내 교회 장로님으로 보내셨지만 솔직히 교회랑 잘 안 맞거든. 우리 어머니는 맞고. 그런데 아버지가 어머니보다 더 감정적이에요. 어떻게 보면 내가 아버지를 닮았고 동생이 어머니를 닮은 면이 있는데, 감정적인 사람이 더 종교와 맞을 것 같지만, 그게 아니야. 종교는 이성적인 면이 있어. 감정적인 건 동물적인 거야. 아버지도 저도 동물적인 사람이에요. 왜 내세가 없다고 보냐? 간단해. 사자한테 쫓겨 도망가는 물소를 생각해보세요. 물소는 내세가 없다는 걸 아는 거야. 죽으면 끝이다 생각하니까 죽을힘을 다해 도망가거든. 단 한마리의 예외도 없어요. 그걸 보면 내세는 없는 거야. 동물적인 나한테는 그게 너무 단순하고 확실해. 남에게 강요하지는 않지만 저에게는 확실한 거예요.

弟 **두식** 어려서는 어머니 따라, 좀 커서는 동생 따라, 나중에는 형수님 따라, 거의 평생 교회 근처를 맴돌았으면서도 형에게 기독교의 가르침이 전혀 먹혀들지 않은 것은 신기해요. 저는 형이 철저하게 이성적인 사람이라 그런 선택을 했다고 늘

극단으로 밀어붙이는 힘,
형에게는 늘 그런 게 있었죠.
저는 평생 그런 형을
제지하는 역할만 한 것 같아요.

생각해왔는데, 형 입장에서 꼭 그런 것은 아니군요.

**형
대식**　제 입장에서 보면 동물적으로 당연한 건데, 이성적인 어머니나 동생이 나를 이해시키려고 무리한 노력을 한 거예요.

**弟
두식**　나중에 형이 굉장히 인상적인 얘기를 들려준 적이 있어요. 꿈에서도 신앙을 버린 얘기.

**형
대식**　어릴 때 세뇌가 되어서 그런지 신앙을 버리고 나서도 꿈속에서 위기에 부딪히면 하나님을 찾더라고요. 현실에서는 그런 일이 없는데, 꿈속에서만 이상하게 그랬어요. 꿈에서 깨어나면 내가 왜 이러나 고민을 하곤 했죠. 그리고 결심했어요. 내가 꿈에서 어떤 어려운 상황을 만나더라도 절대 하나님을 찾지 않겠다고. 그렇게 독하게 마음을 먹고 나니, 어느날 꿈에서 엄청난 위기를 만났는데도 하나님을 찾지 않게 되더라고요.

**弟
두식**　뭐든지 극단으로 밀어붙이는 성향을 꿈속에서까지 관철한 거죠. 그러나 형은 감정적이고 저는 이성적이라서 기독교 신앙을 받아들이는 태도가 달라진 것 같지는 않아요. 오히려 형은 매사에 증거를 요구하는 사람이고, 저는 뭐든지 좀 쉽게 믿는 편이라 이렇게 됐을 수도 있죠. 형은 통계적으로 입증된 것만 신뢰하는 경향이 있잖아요. 신앙 없다고 말하면서 지금도 형수님 따라 교회 다니는 건 신기해요. (웃음)

문과와 이과, 유학생활 이렇게 다르다

弟 두식 대학 졸업 후에 형은 바로 미국 유학을 떠났어요. 부부 교사였던 부모님이 빈궁하지는 않았어도 자녀를 해외 유학 보낼 형편은 아니었죠. 한국전쟁 때 외삼촌이 북한을 선택한 까닭에 우리 집이 연좌제에 걸려 있어서 그전에는 해외유학이 불가능했던 면도 있었고요.

兄 대식 제가 어릴 때는 까만 점퍼 입은 사람들이 우리 집을 정기적으로 찾아오고 그랬어요. 외삼촌이 공비로 내려왔다는 첩보가 들어오면 중앙정보부에서 찾아왔던 걸로 기억해요. 아버지 학교로 찾아갈 수도 있었을 테지만 아버지가 워낙 가정적인 분이라 맨날 집에만 계셨으니 그 사람들도 집으로 찾아왔던 거겠지.

弟 두식 원래 북한이 1969년까지는 공작원을 많이 내려보내다가 1970년 제5차 노동당 당대회를 통해 대남전략을 수

정해요. 남한의 반공체제가 강화되면서 간첩을 보내는 족족 자수하거나 붙잡히다보니 이전의 전략을 지속할 수가 없었던 거예요. 그전에는 월북한 남한 출신 지식인들을 주로 공작원으로 활용해 남쪽에 지하조직을 구축하려고 했는데, 1970년 이후에는 공작원들을 갈아치우고 설사 월북 지식인을 간첩으로 보낸다 해도 연고지는 찾아가지 못하도록 해요. 우리가 어렸을 때까지도 까만 점퍼 입은 아저씨들이 우리 집 상황을 체크하러 온 것도 그런 측면에서 이해할 수 있죠. 저는 아버지가 훌륭한 분이라 경찰이 정기적으로 인사를 오는 줄 알았다니까요. (웃음)

兄 대식 그러다가 전두환이 집권하면서 연좌제를 폐지했잖아요. 제가 대학 1학년 때이던가 어머니가 저를 불러서 "이제는 연좌제가 폐지되어 유학 가는 것 문제없다"라고 하셨어요. 그래도 걱정은 됐지. 형식적으로 폐지했다고 해놓고 실제로는 못 나가게 하는 것도 충분히 가능했으니까요. 지금 돌아보면 진짜로 폐지를 했던 거죠.

弟 두식 연좌제가 형식적으로는 폐지되었지만, 실질적으로 완전 폐지된 것은 아니었어요. 제가 군법무관 마치고 검사 임용될 때에도 법무부차관이 제 파일은 따로 보고 있었거든요. 면접 끝나고 나오는데, 동기들이 "큰외삼촌이 되게 거물인가보다" 얘기할 정도였죠. 웃기는 건 정작 우리 식구들은 외삼

촌이 북한 가서 정확히 뭘 하고 살았는지 전혀 모른다는 거예요. 지금도 몰라요. 국정원에서는 자료를 가지고 있을 텐데 말이죠. 그런 상황에서도 유학 준비를 한 것은 그냥 학과의 분위기를 따라간 건가요?

兄 대식 당시 서울대 물리학과에서 매년 15명 정도는 유학을 가는 분위기였습니다. 저도 그래서 유학을 준비했고요. 우리 집보다 확실히 못사는 우리 과 선배들도 유학을 가더라고요. 그래서 유학도 별거 아닌가보다 생각할 수 있었어요. 영어를 좀 못해도 이과는 조교를 할 수 있으니까, 비행기표 살 돈만 있으면 돈이 거의 필요치 않았기 때문이죠.

이과 중에서도 유학하기 가장 좋은 전공이 물리학, 수학, 화학이에요. 공대생들이 물리학, 수학, 화학을 필수로 들어야 하기 때문에 수업조교TA, teaching assistant 자리가 늘 있거든요. 그래서 물리학과, 화학과, 수학과 학생은 자기 돈 들이지 않고 유학 가는 게 당연한 일이에요. 공대는 좀 다르죠. 연구조교RA, research assistant를 해야 하는데 도착하자마자 바로 할 수는 없으니까, 1~2년은 자기 힘으로 버텨야 해요. 문과는 전혀 달라요. 장학금이 거의 없죠. 그래서 문과 쪽 유학생들을 보면 잘사는 집 출신들이 많았어요. 그때 돈으로 1년에 몇만불이 드는데, 그게 우리 돈으로는 집 한채 값이었거든요. 박사 따는 데 최소한 5년이 걸린다고 계산하면 집 다섯채 정도는 날릴 각오를 해야 하는 거죠. 10년씩 걸리는 사람들도 많고요.

弟
두식　문과도 경제학처럼 수업조교 자리가 있는 전공이 있기는 하죠. 박사과정 들어가서 교수에게 인정받으면 실험을 같이 하면서 장학금을 받기도 하고요. 길을 찾으면 없지는 않지만 인문사회과학의 경우에 장학금을 받기가 거의 불가능한 건 사실입니다. 풀브라이트 장학생 등 몇가지 경우를 제외하고는 초기 몇년을 버틸 돈이 필요해요. 그런데도 해외유학을 마친 인문사회 쪽 교수들이 한결같이 자기는 장학금 받고 공부한 척 하는 거는 좀 놀라워요. 교수들과 이야기하다보면 부모님 돈으로 공부한 사람은 한명도 없는 것 같으니까. 나중에 알고 보면 대부분 부잣집 자제들이고. (웃음) 형은 대학 때 이미 한국고등교육재단 장학생으로 선발되어 용돈도 받고 그랬죠?

兄
대식　맞아요. 한국고등교육재단에서 장학금을 받았죠. 지금도 아주 고맙게 생각해요. 그런데 그것도 문과와 이과가 좀 달라요. 문과는 수업료와 생활비 등으로 매년 몇천만원을 지원받았지만, 이과는 실제로 그 10분의 1 정도를 받았어요. 이과생들은 수업조교나 연구조교 등으로 미국에서도 돈을 받았기 때문에, 한국고등교육재단에서는 실제로 들어가는 돈이 그만큼 적었죠. 문과와 이과가 그만큼 차이가 크다는 얘기예요.

弟
두식   미국에서는 한인 유학생들과 거의 어울리지를 않았죠. 방도 미국 친구하고 쓰고, 철저하게 미국사회 안으로 들어간 특별한 이유가 있었나요?

兄
대식   원래 좀 남다르게 살고 싶어하는 경향이 있잖아요. 솔직히 한국 사람들이 끼리끼리 모여서 맨날 똑같은 얘기하는 게 지겨웠어요. 출신 대학 선배들 따라다니며 "총각이라 힘들어요, 형님. 형수님이 해주는 음식을 먹고 싶어요" 하는 말들 있잖아요. 그 넓은 나라에 가서 한국인들끼리 좁은 커뮤니티를 만들어서 지지고 볶고, 아휴 진짜. 김치가 그리웠다는 얘기들도 많이 하지만, 샐러드도 있고 햄버거도 있는데 왜 김치만 먹어야 해요? 그래서 유학생들과는 잘 어울리지 않았어요.

그랬더니 새로운 세계가 열리더라고요. 버클리의 학부생, 대학원생들과 같이 술 마시러 다니면서 노숙자들하고도 어울렸죠. 버클리에는 민중공원People's Park이라는 재미있는 장소가 있어요. 원래는 버클리대에서 학생기숙사, 주차장 등을 만들려고 확보해놓은 땅인데 학생운동이 극심하던 1960년대 후반에 학생, 히피, 노숙자 등이 그곳을 점거하고 자유발언대, 쉼터 등으로 활용했죠. 주지사였던 로널드 레이건이 그들을 쫓아내려고 해서 엄청난 저항에 직면하기도 했고요. 80년대 후반에 제가 유학할 때도 거기 가면 아직 남아 있는 히피들을 만날 수 있었어요. 그 사람들하고 거리에서 맥주도 마시고 개똥철학도 나누고 그랬죠. 엄청나게 똑똑한 어르신들이 많았는데, 식스팩 맥주를 사 가면 바로 왕 노릇을 할 수 있었어요. (웃음) 나한테 갱 리더 비슷한 면이 있잖아요. 큰 스케일이 아니라 작은 스케일로 바람 잡고 친구들을 몰고 다니는 기질. 야구 보러 가자, 극장 가자, 피자집 가서 맥주 마시자, 그렇게 몰고 다니던 친구들이 있어요. 지금도 연락하고 지내죠.

🌐
두식
원래 유학 갈 때는 생물물리학 전공을 했는데, 중간에 물리학으로 돌아왔죠.

🌐
대식
학부 3~4학년 때 주변을 돌아보니 똑똑한 애들이 너무 많더라고. 그래서 좀 만만한 걸 해보자 싶어서 유학 갈 때는 생물물리학을 선택했어요. 지금은 생물물리학이 물리의 중요한 분야로 자리 잡았지만 그때만 해도 좀 생소한 학문이었거든요. 잘못 생각했던 거죠. 유학 가서 1년 동안 내가 얼마나 물리를 사랑하는지를 깨달았어요. 딴 걸 다 떠나서 내 사랑은 물리였다는 걸 알게 된 거예요. 물리가 너무 그립더라고. 그래서 결심했어요. 무조건 물리를 한다. 물리학에서 가장 낮은 사람이 되더라도 물리를 하겠다!

🌐
두식
그런 애정을 갖게 된 데에는 무슨 이유가 있을 것 아니에요? 딴짓을 하다보니 오히려 자신이 진짜 좋아하는 게 뭔지 알게 된 건가요?

兄 대식 그냥 너무 좋더라고. 1년을 안 하니까 물리문제 풀고 그런 게 너무 그립고. 그냥 그 수식이 너무 아름다워 보이고. 그런 시기를 거쳤어요. 에너지가 확 올라간 거지. '생물물리학 지겹다, 어렵다, 물리를 해야겠다' 생각하던 시기에 어떤 심포지엄에 참석했는데, 1조분의 1초에 일어난 현상을 레이저를 통해 연구하는 거예요. 레이저라는 게 계속 흘러나오는 줄 알았는데, 계속 나오는 건 착시이고 1조분의 1초마다 팍팍 끊어서 나오고. 그걸 보니까 '이게 내 분야다' 하는 생각이 들었어요. 그래서 생물물리학과가 아니라 물리학과 교수들을 찾아다니기 시작했어요. 펄스레이저*를 하려면 물리학과에 가야 했으니까.

弟 두식 그때나 지금이나 전과가 쉽지는 않았을 텐데요. 생물물리학 석사를 못 따고 물리학과로 갔던 건가요?

兄 대식 물리학과 전과하고 나서 생물물리학 석사를 땄어요. 미국은 그게 가능했어요. 전과할 때는 운이 무척 좋았죠. 처음에는 다른 학교로 옮길 생각이었거든요. 당장 버클리대 물리학과를 갈 수 있을 거라고 생각을 못 했기 때문에 버클리대 생

● 펄스레이저(pulse laser): 흔히 알고 있는 연속파 레이저(CW 레이저)와 대비되는 용어로, 시차를 두고 발진과 정지를 반복하는 레이저를 말한다.

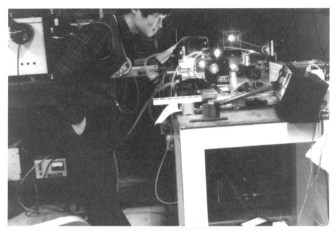

물리학과, 화학과, 수학과 학생은
자기 돈 들이지 않고 유학 가는 게 당연한 일이에요.
문과는 전혀 달라요. 장학금이 거의 없죠.

물물리학과를 그만두고, 다른 대학 물리학과를 가려고 했던 거죠. 그러려면 1년을 기다려야 했어요. 1년을 버티려면 돈이 있어야 하잖아. 그래서 물리학과를 찾아갔죠. 생물물리학과 대학원생이지만 영어가 좀 되니까 물리학과 수업조교를 하고 싶다는 얘기를 하려고요. 그랬더니 거기 직원이 이것저것 알아보다가 "그러지 말고 그냥 물리학과로 과를 옮기는 게 어떠냐?"라고 하는 거야. 그 자리에서 원서를 쓰라고 하더라고. 그래서 너무나 쉽게 물리학과로 전과가 된 거예요. 생물물리학과에서 공부한 것도 그대로 인정받았죠. 나중에 듣기로는 그해에 물리학과 대학원에 학생이 좀 부족했다고 해. (웃음) 어쨌든 그렇게 펄스레이저 분야에 열정이 생긴 거고 지도교수도 그렇게 정했어요. 그때부터는 레이저를 만들기 시작해서 고생도 엄청 했지. 매일 새벽 세시까지 일한 기억이 나요.

弟두식 뜻이 있으면 길이 열리는 경험을 한 거네요. 중간에 그런 변화를 겪고도 만 27세에 박사를 땄고, 박사를 딴 뒤에 석사장교를 하는 바람에 남들처럼 소위 계급장을 달지 못하고 준위 계급장을 달기도 했죠. 그뒤 AT&T 벨 연구소와 오클라호마주립대에서 일한 다음 30세에 서울대 교수로 임용됐어요. 교수 임용을 1년 유예하고 1994년에 귀국했고요.

형은 미국의 좋은 대학으로 유학 가서 박사 따고, 미국의 제일 좋은 연구소에서 일한 다음 미국 대학에 잠깐 자리 잡았다가 귀국하는, 당시 세대의 가장 전형적인 길을 걸었어요. 그러고도 귀국 이후에는 계속 토종 과학자의 중요성을 이야기했죠. 앞서 얘기한 것처럼 '자기 집'의 중요성도 강조했고요. 자신이 걸어온 길과 하는 말이 모순되는 것 아닌가요?

대식   '자기 집' 얘기를 유학 갔다 온 사람도 안 하고 국내 박사도 안 하는데, 그럼 저라도 해야지 어떻게 해요? 한국에서 박사를 배출하는 대학의 교수가 되는 것은 분명히 영광이에요. 그때부터는 당연히 그 대학의 박사를 세계 최고로 만들어야 하는 사명이 있는 겁니다. 자기 지도교수 눈치 보면서 미국가서 기웃거리면 안 되죠. 그리고 토종이란 말 자체가 약간 비하적인 표현이에요. 한국의 발전단계에서 보면 대량유학은 옛날에 접었어야 해요. 전체 공부하는 학생 중 5퍼센트 미만이 유학을 간다면 문제될 게 없겠지만, 우리나라 정도의 국력을 가지고 아직도 우르르 미국으로 몰려가는 건 이상한 일이죠. 세계에서거의 유일할 거예요. 그렇게 유학한 학생들이 교수 채용에서 우위를 점하는 것도 말이 안 되고요.

일본 같은 경우에는 사무라이들이 처음에 수십명 정도 유학가서 유럽에서 배운 다음에는 유학 가는 길을 아예 끊어버렸다고. 처음에는 그게 느린 것처럼 보였지만 그렇게 해서 일본은 자기만의 독특한 과학문화를 만들었고 그래서 노벨상도 많이 받았어요. 그래서 학문의 정체성을 이야기하게 된 거예요.

지난 30년간 우리가 얼마나 빨리 발전했는지 몰라요. 우리 세대만 해도 유학 가야 할 필요가 조금은 남아 있었지만 이제는 아니라고 봐요. 그래서 그런 주장을 하는 거죠. 배워 와야 할 시기가 지난 이후에도 유학을 계속하는 건 종속이거든요. 배워야 하기 때문에 배우는 건 어쩔 수 없지만, 안 배워도 되게 국력이 비슷해졌는데 계속 배우는 건 종속이에요. 그 폐해가 이미 나타나고 있어요.

두식 일종의 정의감도 있는 거죠. 반골 기질에 기초한.

대식 동생도 사법시험 붙고 누릴 것 다 누린 사람이 법조계 비판한다는 소리를 듣잖아요. (웃음)

두식 아마 이 책 자체가 그런 비판을 받게 될 거예요. 할 수 없죠 뭐. 어차피 한번 지르기로 한 거니.

4장

—

대한민국이 노벨상을 받지 못하는 이유

유학파가 장악한
한국 대학

弟
두식
이번에는 '자기 집'의 중요성에 대해 좀더 깊이 들어가 봤으면 합니다. 해외유학파가 학계를 장악하고 있는 건 물리학뿐만 아니라 우리나라 모든 학문 분야의 문제입니다. 법학 분야부터 먼저 얘기하자면, 교수들 중에 국내 박사가 비교적 많은 분야인데도 일본이나 독일의 영향에서 완전히 벗어나지는 못하고 있어요.

제가 다닌 법대는 교수님들 대부분이 독일 유학을 마친 분들이었어요. 주로 일본 책들을 베낀 앞선 세대 법학자들과 달리, 독일 유학파들은 유럽 법학을 직수입하는 걸 자랑으로 여겼죠. 학자들끼리의 논쟁도 일본이나 독일에서 벌어진 논쟁의 판박이

였고요. 일본이나 독일의 A라는 학자가 있으면 한국의 A′라는 학자가 그걸 그대로 수입해요. 그러면 한국의 B′라는 학자는 독일에서 A의 적수인 B라는 학자 이론을 수입해서 A′를 비판하죠. 독일에서 벌어지는 A와 B의 논쟁하고 100퍼센트 똑같은 논쟁이 한국의 A′와 B′라는 학자 사이에서 벌어지는 거예요.

1980년대까지만 해도 독창적인 자기 이론을 만드는 학자가 많지 않았죠. 형법학에서는 서울대 총장을 지낸 유기천劉基天. 1915~98 교수 정도가 독특한 자기 세계를 가진 분이었고요. 이런 분위기가 워낙 강하다보니, 한국 토종 이론을 들고 나왔다가 미국, 유럽 지성사의 흐름과 맞지 않는다는 비판을 들으면 바로 '내가 무식했나보다' 생각하고 물러날 수밖에 없었어요. 영원히 국내파는 자리를 잡지 못할 줄 알았는데, 그나마 서울대에서 박사들을 많이 배출하면서 자기 목소리를 조금씩 내기 시작했죠. 그때부터 10년쯤 지나서야 겨우 우리 학자들이 우리 법률을 가지고 우리 이론을 얘기하게 됐어요.

웃긴 일도 자주 벌어져요. 오랜 세월 학자들끼리 엄청난 논쟁을 벌이면서 온갖 독일 이론들을 수입했는데, 나중에 젊은 학자들이 보니 우리 형법은 독일 형법과 규정이 전혀 다른 거예요. 이런 문제 해결방식에 대한 반성의 분위기가 젊은 법학자들 사이에는 있어요. 조금씩 나아지고 있기는 한데 아직도 갈 길이 멀죠.

그냥 베꼈다고 하기는 곤란하지만 어쨌든 수입 법학의 시기가 그만큼 길었던 겁니다. 일본 법학의 영향에서 벗어나는 대신 독일 법학의 우산 아래 들어갔고, 요즘은 독일 법학의 영향에서 벗어나는 대신 미국 법학의 영향권에 들어가는 것 아닌가 하는 우려도 생겨요. 일본의 법학자들이 비교적 빨리 서양의 영향에서 벗어나 자기 집을 짓기 시작한 것과는 많이 다르죠.

兄
대식　　문과와 달리 우리나라 이공계 학자 중에는 독일에서 공부한 사람이 거의 없어요. 대부분 미국 박사죠. 독일은 문과의 경우에도 큰돈 들이지 않고 유학이 가능한 나라지만 언어의 장벽이 높아서 쉽게 도전하지를 못해요. 언어를 익히고 박사논문까지 쓰려면 엄청난 시간이 걸리니까요.

이공계의 경우에는 독일이나 미국이나 학비가 별로 들지 않는다는 점에서는 큰 차이가 없어요. 그런데도 대부분 미국 유학을 선택해왔어요. 어차피 자기 돈 안 쓰고 공부할 수 있으니 이왕이면 귀국 이후에 인정받기 쉬운 미국을 선택하는 거죠. 자기를 가르친 교수들이 대부분 미국 유학을 했기 때문에 학생들이 독일에 대해서 잘 모르는 것도 사실이고요. 독일 박사들 역시 국내 박사와 마찬가지로 미국 박사들에 밀려 차별받을 수 있는 상황이죠.

弟
두식　　법학은 그나마 다른 분야에 비해 독일 유학한 교수들이 많은 편이죠. 국내 박사라 해도 독일에서 몇년 정도 공부한 분들이 많고요. 우리 법 자체가 영미법보다는 독일, 일본, 프랑스의 영향을 많이 받았기 때문이에요. 그런 법학 분야에도 요즘은 미국 유학하는 사람들이 늘어나고 있어요. 문과든 이과든 미국 유학을 선택하는 이유는 귀국 후에 자리 잡기 유리하기 때문인 것 같기도 해요.

경제학의 경우 유명한 이야기가 있잖아요. 미국에서 박사학위를 딴 경제학 교수들 중에는 영국 경제학 박사를 박사로 인정하지 않는 분들이 많이 있다고 하거든요. 강의를 듣는 코스워크 기간이 미국에 비해 짧은 대신 일대일 논문지도에 치중하는 영국의 특징을 인정하지 않는 거죠. 영국 유명 대학 교수로 세계적인 경제학자인 분 중에는 우리나라 교수에 지원했다가 여러차례 고배를 마신 분도 있어요. 미국 박사들이 진입장벽을 치고 그분을 받아들이지 않았어요. 덕분에 그분은 영국에 계속 머물며 더 세계적인 학자로 성장하고 있습니다. 안타까운 일이죠. 형은 미국에서 박사학위를 땄지만 분야를 바꾼 후에는 독일 팀하고 일을 많이 했죠? 『사이언스』에 실린 논문도 독일 학자들과 함께 연구한 결과물로 기억하는데요.

兄
대식　제가 반도체에서 나노광학으로 분야를 바꿀 때 독일 학자들의 도움을 많이 받았어요.

弟
두식　1994년에 귀국해서 교수로 일하다가 2000년경에 갑자

해외유학파가 학계를 장악하고 있는 건
물리학뿐만 아니라
우리나라 모든 학문 분야의 문제입니다.

기 분야를 바꾼 때 얘기군요. 그 독일 교수와 함께 연구한 것이 나중에 『사이언스』에 실렸죠. 이미 교수로 자리 잡은 사람이 연구 분야를 바꾸는 일이 흔치 않은데, 나노광학이라는 완전히 새로운 분야에 도전한 이유는 뭐였나요?

兄
대식　펄스레이저 분야에서 나는 할 만큼 했고, 더이상 뜯어먹을 게 없다는 생각이 들어서 나름대로는 굉장한 용기를 낸 거예요. 옆에서도 다들 놀랐어요. 분야를 바꿀 때는 기존에 하던 것을 조금씩 줄이고 새로운 분야를 조금씩 늘려가야 하거든요. 그게 안전하니까요. 저는 어느날 갑자기 "이거 그만하겠어" 선언하고 바로 새 분야에 뛰어들었어요.

弟
두식　새로운 분야에서는 배워야 할 것도 많았을 텐데요. 이끌고 있던 연구팀의 방향을 바꾸면 학생들에게도 영향이 적지 않았을 거고.

兄
대식　새로운 공부를 하면서 박사과정 때만큼 열심히 살았던 것 같아요. 5년 동안 정말 고생했죠. 길도 보이지 않고요. 내가 분야를 바꾸지 않았으면 학생들도 적당히 박사 따고 어디 가서 박사후과정 하고 교수나 연구원이 되는 데 문제가 없었어요. 그런데 나 때문에 학생들이 논문 하나도 못 쓰게 되면 큰일이잖아요. 내가 지루함을 느꼈다는 이유만으로 분야를 바꿔서 학생들 인생을 망치게 될까봐 스트레스가 많았어요.

弟
두식　그런 생각을 하면서도 자기 스타일대로 그냥 지른 거군요. 다행히 살아남았고요.

兄
대식　지를 때는 지르는 것 자체가 목적이에요. 주위에서는 당연히 말리지만, 어차피 그런 때는 주위의 조언을 듣지 않으니까요. 굉장히 모범생처럼 보이지만 동생도 지를 때는 지르잖아요. 검사 그만두고 아기 키우겠다고 미국 간 걸 보면. (웃음)

弟
두식　저는 걱정이 많은 사람이라 형처럼 무조건 지른 건 아니에요. '이번에 한번 아내를 밀어주면, 나중에 좀 편하게 살 수도 있겠다' 하고 충분히 계산한 후 움직였던 거죠. 법조계에서 '나 아닌 나'로 사는 게 너무 힘들기도 했고, 그렇게 살아서 성공할 가능성도 너무 낮았어요. 지루한 걸 못 견뎌하는 것만 둘이 비슷해요. 이걸 계속하면 지루해서 죽을 수도 있겠다 싶으면 던지고 나오는 거죠. 어쨌든 형은 뒤늦게 분야를 전환해 좋은 결과를 얻었어요. 『사이언스』에 논문 내는 게 쉬운 일이 아니잖아요?

兄
대식　『사이언스』 얘기는 그만했으면 좋겠어요. 독일 쪽 친구들과 함께 연구해서 우리나라 교수 두명의 이름이 들어가기는 했지만 학생들 이름이 하나도 안 들어가고, 제가 주저자도 아니에요. 학생들 이름을 넣으려고 독일 친구들과 많이 싸웠지만 결국 실패했고. 우리 학생 이름을 안 넣어줄 거면 내 이름도 빼라고까지 했었는데, 마지막에는 양보를 할 수밖에 없었어요. 비겁하게도요.

弟 두식 이공계는 주로 팀으로 일하다보니 논문에 누구까지 이름을 넣을 것인지를 놓고 싸움이 벌어지기도 하죠?

兄 대식 어느정도까지 기여한 학생들이 논문에 들어갈 것인지, 저쪽 팀에서 하나라도 더 이름을 넣으려고 하면, 우리 팀도 하나라도 더 들어가기 위해 싸울 수밖에 없어요. 기여도 면에서 우리 팀이 밀려서 학생 이름이 못 들어간 건 교수 입장에서 정말 창피한 일이기 때문에 『사이언스』에 논문이 실리고도 자랑스럽지 않았어요. 거기 함께 이름이 들어갔어야 했던 학생은 나중에 한양대 교수가 됐죠.

弟 두식 교수생활 중간에 분야를 바꾸고 새로운 도전을 할 정도로 용감한 사람인데, 유학 당시에는 왜 미국을 선택했을까요.

(兄)
대식
남들이 다 가니까 미국에 간 거죠. 독일 가는 건 본 적도
없고, 교수들 중에도 독일 유학한 분이 아무도 없었죠.
동기 15명 중에서 독일 유학은 한명이 갔던가 그래요.

(弟)
두식
사실 저는 아내가 미국 유학을 선택했기 때문에 별생각
없이 미국을 갔습니다. 주변 친구들과 비교해보면 형
덕분에 유학이 상대적으로 친숙했던 것도 사실이죠. '어드미션
admission'같은 표현만 해도 고시 공부하던 제 친구들이 잘 쓰던
단어가 아닌데, 저는 자연스럽게 입에 익었거든요. 공부 좀 한다
고 소문이 나면 당연히 유학을 생각하는 우리나라와는 달리 일
본은 해외유학파가 별로 좋은 대접을 받지 못하고 있죠?

일본의 노벨상 비결은
국내 박사의 동종교배

(兄)
대식
일본은 희한하게도 20세기 초반이 되면 이미 유학파의
자취를 찾을 수 없어요. 직접 후학을 기르기 시작한 거
죠. 청일전쟁과 러일전쟁의 영향일 수도 있어요. 일본이 전쟁의
중요한 축이었기 때문에 남의 힘을 빌리지 않고 자생적으로 학
문의 기초를 닦을 필요가 있었겠죠. 그만큼 일본의 해외유학 역
사는 기간도 짧고 규모도 작아요. 뒤이어 제1차 세계대전으로

유럽이 전화에 휩싸이면서 사실상 유럽 유학할 길이 막혔고, 제2차 세계대전 때는 아예 미국하고 전쟁을 했기 때문에 미국에서 뭘 배울 기회도 많지 않았죠. 유학을 가는 대신에 도쿠가와 시대부터 자리 잡은 전통적인 장인 씨스템이 작동해요. 그 기초 위에서 15명이 노벨상을 탄 거예요. 15명 중에서 13명은 일본에서 박사를 딴 사람들이고, 그것도 대부분 지방 국립대 출신이에요. 첫 노벨상은 물리학 분야로 교토대에서 받았지만, 교토뿐만 아니라 나고야 등 다양한 학교 출신들이 뒤를 이었죠. 2008년에 노벨 물리학상을 받은 마스카와 도시히데 교수는 노벨상을 탈 때까지 외국을 다녀온 적이 없어서 아예 여권이 없었잖아요.

弟
두식 2012년에 노벨 생리의학상을 탄 야마나카 신야 교수도 무척 재미있더라고요. 1962년생으로 고베대를 졸업한 정형외과 의사였는데, 형편없는 수술 실력 때문에 '자마나카(자마는 걸림돌이라는 뜻)'로 놀림을 당해요. 그래서 의사를 그만두고 오사카시립대 대학원에서 기초과학 연구를 시작합니다. 거기서 박사학위를 딴 다음에 미국에서 박사후과정을 하고 1999년 12월에 겨우 나라첨단과학기술대학원대학 조교수로 자리를 잡죠. 조교수로 처음 자리 잡았을 때 제일 어려웠던 게 대학원생 모집이었대요. 생명과학연구과 교수들 가운데 다른 사람들은 모두 정교수였기 때문이죠. 조교수에게 할당된 면적은 정교수 연구실의 절반이고, 교수에게 할당된 스태프가 네명인데 조

교수에게 할당된 인원은 두명뿐이었대요. 그의 제일 큰 고민은
'『네이처』나 『사이언스』에 논문이 실린 적도 없고 연구비도 적
은 무명의 연구자에게 대학원생이 오겠는가?'였고요. 자기 위에
선임교수가 없는 상태에서 혼자 임용된 조교수라서 처음에는
죽을 고생을 한 거죠. 그러다가 나중에 교토대 교수가 되었어요.

일본에서 노벨상이 그렇게 많이 나온 이유는 어디에서 찾을
수 있을까요.

兄
대식 일본에서 노벨상이 많이 나온 것은 인브리딩inbreeding, 즉
동종교배 덕분입니다. 학문의 세계에서 다른 종이 생기
려면 다윈주의에서 얘기하는 것처럼 섬에서 고립된 상태에서
인브리딩이 일어날 필요가 있어요. 남과 다른 독특한 애들을 만
들 수 있기 때문입니다.

유럽이나 미국 사람들이 봤을 때 일본에서 만들어진 학자들
은 뭔가 달라요. 내용도 다르고 스타일도 다르고 씨스템도 달라
요. 일본에서 새로 시작한 분야가 있고 일본에서 처음 발견한 게
있어요. 15명의 노벨상 수상자 중 해외에서 박사를 딴 두명은 일
본 씨스템에 반항하다가 미국에서 박사를 받은 경우예요. 우리
나라처럼 국내에서 제일 잘해서 하버드대를 간 사람들이 아니
고, 일본에서 교수랑 싸우고 교수에게 "너는 절대로 일본에 자
리 잡지 못한다"라는 소리를 듣고 미국으로 쫓겨 간 사람들이에
요. 일본은 유학을 보낸 게 아니라 자기 나라 안에서 독특한 문

화를 만들어낸 거죠. 인브리딩을 통해서 잘하는 놈이 살아남게 했어요. 야마나카 신야 교수도 오사카시립대에서 박사학위를 딸 때는 철저하게 일본식 인브리딩 씨스템 안에서 공부한 사람이에요. 우리나라였다면 야마나카 같은 사람이 교수가 되고 노벨상을 탈 수 있었을까 생각해볼 필요가 있어요.

일본은 자기 연구실 출신 박사 중에 제일 잘하는 사람을 교수로 뽑아요. 그후에 정교수가 되기 위한 치열한 경쟁이 시작되죠. 일반적으로 일본 학문에서 이루어지는 인브리딩의 핵심은 교수 임용 씨스템이에요. 일본은 독일의 교수 임용 씨스템을 그대로 받아들였어요. 일단 전임강사나 조교수가 되면 이변이 없는 한 모두 정교수가 되는 우리나라와 달리 일본과 독일은 아주 소수의 사람들만 정교수가 돼요. 어떤 학과에 정교수가 다섯명이라면 영원히 정교수가 되지 못하고 부교수로 끝난 교수가 열명 정도 되고, 그 밑에는 정교수가 되기 위해서 열심히 살고 있는 조교수가 몇십명이 있어요. 정교수가 되기 위해서 목숨 걸고 50대까지 연구를 하지만 80퍼센트는 실패해요. 이와 같은 피라미드 구조에서 살아남은 소수의 정교수들이 일본만의 DNA를 가지고 학문을 이끌어 가는 거예요. 미국과도 다르고, 이런 씨스템을 전수한 독일과도 다른, 일본만의 학문이 만들어지는 거죠.

일본이 20세기 초반에 유학을 중단한 것은 우리에게 많은 걸 얘기해줘요. 그 시절을 한번 생각해보세요. 유럽과 미국이 노벨상을 휩쓸고 있고, 일본은 국력이나 학문 수준에서 당연히 세계

10위권 밖에 있을 때 유학을 중단한 거예요. 그리고 자기 집을 짓기 시작했어요. 노벨상의 역사를 보면 초창기에 네덜란드 같은 작은 나라가 상을 많이 받았어요. 그런데 지금은 일본이 많이 받아요. 과학의 중심이 일본으로 옮겨 갔다고까지 얘기할 수는 없겠지만 일본이 잘하고 있는 건 분명하죠.

弟
두식 지금 우리나라 정도의 국력이라면 진작 유학이 끝났어야 하죠. 그렇게 많이 유학을 가서 세계적인 대학에서 연구활동을 했는데도 왜 노벨상이 나오지 않는지도 고민해봐야 하고요.

兄
대식 노벨상 안 받으면 어때요? 노벨상이 중요한 건 아니에요. 노벨상이 폐지된다고 우리나라가 기초과학을 그만둘 것도 아니잖아요. 평화상 빼고는 노벨상을 받아본 적이 없는 나라에서 10월만 되면 매스컴이 노벨상 얘기로 폭발하는 것도 이상한 거야. 쪽팔리게 해마다 그래!

弟
두식 하긴 과학 분야뿐만 아니라 문학도 비슷해요. 노벨상 발표 날이면 중요한 출판사들은 비상근무를 하거든요. 자기 출판사에서 책을 낸 저자가 노벨상을 받으면 바로 보도자료도 내야 하고 책도 빨리 증쇄를 해야 하니까요. 수상 여부와 상관없이 출판사들이 '올해는 누구의 수상이 유력하다'면서 자기네 저자 쪽으로 먼저 바람을 잡는 현상도 재미있어요. 노벨위원회에서 올해는 누구의 수상이 유력하다고 발표하는 것도 아니고, 충분히 자가발전도 가능하거든요. 우리나라의 노벨상 집착은 유별나죠.

![대식] 과학 분야에서는 우선 질문부터 바꾸어야 해요. 한국 '사람'이 노벨상을 받는 게 중요한 게 아니에요. 한국 '박사'가 노벨상을 받아야 해요. 그때부터 비로소 게임이 시작되는 거예요. 팻 라일리라고 전설적인 NBA 감독이 있어요. 그 사람이 "플레이오프는 홈팀이 패배할 때까지는 아직 시작된 게 아니다 Playoff does not begin until the home team loses"라는 유명한 말을 남겼어요. 홈팀이 누리는 어드밴티지가 깨져야 게임이 재미있어진다는 얘기죠. 플레이오프가 홈팀이 패배해야 비로소 시작된다면, 노벨상은 '한국 사람'이 아니라 '한국에서 박사를 딴 사람'이 받아야 비로소 게임이 시작되는 거야!

우리나라 사람이 미국 유학 가서 거기 교수가 되고 잘나가는 건 개인적으로 좋은 일이지만, 우리 학문의 성장과는 별 관련이 없어요. 물론 저도 그분들을 존경하고 좋아해요. 정말 아깝게 노벨상을 놓친 분도 있어요. 그런데 만약 그분이 노벨상을 받았다고 가정해봅시다. 미국에서 박사 받고 미국 인프라를 가지고 연구해서 노벨상을 받았는데 그게 우리와 무슨 상관이 있을까요. 한국인의 DNA를 가지고 있으니까 민족주의적인 의미는 있겠

지만 학문적으로는 우리나라와 아무 관련이 없는 거예요.

노벨상 꿈나무니 뭐니 해서 대기업이 학생들을 하버드대로 보낸다는 얘기가 나오는데, 웃기는 거죠. 그 학생들이 노벨상을 받으면 그게 우리나라의 결과물인가요? 아니죠. 박사학위를 따는 순간에 새로운 과학자가 탄생하는 거예요. 미국에서 태어났으면 미국 과학자지 한국 과학자가 아니에요. 그보다는 오히려 인도에서 유학 온 학생이 한국에서 박사학위를 따고 한국 인프라로 노벨상을 받으면, 그게 우리나라 과학자이고 한국의 노벨상인 거죠. 혈통적으로 한국인이냐 아니냐에 초점을 맞출 이유가 없어요. 적어도 학문적으로는 인도 사람이 여기서 박사를 받으면 한국 시민인 거고, 한국 사람이 미국에서 박사를 받으면 미국 시민인 거예요. 일본은 일찍부터 일본 박사들을 중심으로 일본 인프라를 가지고 자기 집을 짓기 시작했어요. 학문적 종속이 없었어요. 학문적 고립 속의 동종교배가 갖는 힘을 보여준 거죠.

나쁜 교수, 더 나쁜 교수, 굉장히 나쁜 교수

弟
두식
동종교배는 용어 자체가 좀 부정적인 이미지를 주는데, 형의 입장은 다르군요. 사법시험과 사법연수원이라는 동종교배 구조에서 모든 법률가들이 선후배 관계를 형성해 법

과학 분야에서는 우선 질문부터 바꾸어야 해요.
한국 '사람'이 노벨상을 받는 게 중요한 게 아니에요.
한국 '박사'가 노벨상을 받아야 해요.

조계를 왜곡시킨 역사를 생각해보세요. 도제식 양성 씨스템과 서열문화 때문에 오랜 세월 자유로운 의견 개진이 불가능했어요. 그 사이에서 독버섯처럼 브로커들이 자라났고, 청탁을 거부할 수 없는 독특한 문화가 만들어졌죠. 대학에도 비슷한 문제가 있지 않나요. 과거 교수들이 100퍼센트 자교 출신인 서울대 학과들이 많았잖아요. 그 안의 선후배 관계 때문에 후배는 매일 심부름만 해야 하고, 권위적인 선배들이 모든 논의를 주도하는 문제가 있었고요.

대식　지금까지 우리나라에서는 동종교배, 인브리딩이라는 말을 국내 박사를 교수로 안 뽑는 정당화 근거로 활용해왔어요. 국내 박사, 더 엄밀하게 말하자면 자기네 학교에서 배출한 박사를 교수로 뽑지 않는 건데, 동종교배가 좋지 않다고 말하려면 자기네 대학원에서 학생을 뽑을 때부터 정직하게 이야기를 해야죠. "우리는 동종교배를 배격하기 때문에, 너희들이 박사를 따도 우리 학교 교수로는 뽑지 않는다. 그래도 대학원에 와서 심부름은 열심히 해야 한다." 그렇게 말하면서 동종교배의 부정적 측면을 강조한다면 저도 받아들이겠어요. 그러나 학생들을 대학원생으로 뽑아 박사학위는 계속 주면서, 막상 교수 뽑을 때가 되면 해외유학한 박사들에게 우선권을 주는 건 옳지 못해요. 대학원 오라고 꼬드길 때하고 나중에 교수 뽑을 때 말이 달라지는 거잖아요. 꼬드겼으면 책임을 져야지!

서울대 의대의 경우에는 자기네 박사들을 교수로 뽑아요. 저는 거기가 학문적으로는 더 희망이 있다고 봐요. 처음에는 좀 없어 보이겠죠. "쟤네들은 영어로 논문도 못 쓰네. 영어도 잘 못하네." 그런 소리도 듣고요. 그러나 시간이 흐를수록 서울대 의대는 미국에 있는 어떤 대학의 분교가 아니라 자기들이 본교 역할을 하게 될 거예요. 그에 반해서 공부를 더 잘한 사람들이 모여 있다는 서울대 물리학과는 뭐야? 예를 들면 본교가 아니라 미국에 있는 버클리대의 한국 지부일 수 있는 거예요.

㉟
두식 서울대 물리학과에 버클리대 출신 교수들이 많죠? 일단 형 자신도 그렇고.

㉨
대식 버클리대 출신이 세명이에요. 그런데 서울대 박사 출신인 교수도 세명밖에 안 돼요. 그게 말이 되냐고? 나는 이제 딴 곳으로 옮겨야 돼! 우리 과 교수 40명 중 국내 박사는 여섯명밖에 안 돼요. 그나마 최근 들어 상황이 놀랄 만큼 좋아져서 이만큼이라도 된 겁니다. 얼마 전에 우리 과도 다섯명의 신임 교수를 뽑는데 세명이 국내 박사였어요. 여전히 갈 길이 멉니다. 국내 박사가 30명은 돼야지! 학부를 서울대 나왔다고 하더라도 해외의 각각 다른 대학에서 박사학위를 받은 사람들로 구성된 학과에서는 제대로 된 동종교배가 이루어질 수 없어요. 박사학위를 통해 학자로 탄생한 시점을 기준으로 본다면 그런 학과들

은 그저 미국 학자들로 채워진 학과로 볼 수 있죠. 과학 분야에서는 제대로 된 동종교배, 인브리딩이 필요해요. 서울대 학부 출신들끼리 똘똘 뭉친 엉터리 동종교배 말고, 학문적으로 연결된 동종교배를 얘기하는 거예요. 그런 점에서 저는 일찍부터 자기 집을 짓기 시작한 일본 과학자들의 방식이 옳았다고 봐요.

弟
두식 자연계는 팀으로 함께 실험을 하면서 새로운 결과물을 만들어내잖아요. 제자와 함께 결과를 만들고 열매도 제자와 공유하죠. 함께 실험한 제자들 중 가장 똑똑한 박사를 교수로 뽑아 전통을 이어가는 일본의 장인 씨스템이 갖는 장점도 알겠어요. 그러나 자기 학과에서 배출한 박사들로 교수 자리를 채울 경우 그 젊은 교수는 자칫하면 스승의 노예 노릇만 하면서 평생을 보내게 돼요. 교수회의에서도 자기 목소리를 내지 못하고 스승의 목소리를 대변하는 '꼬붕'이 되고 말죠. 문과는 혼자 연구하는 분야도 많은데 그렇게 되면 진짜 곤란해요. 독립성이 생명인데 아예 자기 목소리란 없는 학자가 만들어지니까요.

논문도 적고 실력도 부족한데 오직 스승의 눈에 들어 학문의 길에 들어선 사람은 자기 스스로도 실력 없이 뽑혔다는 걸 잘 알고 있기 때문에, 살아남기 위해서는 힘 있는 스승에게 계속 잘 보일 수밖에 없어요. 충성만이 살길이죠. 자기 약점을 스승이 모두 파악하고 있으니 늘 눈치를 봐야 하고요. 문제는 그렇게 젊은 제자를 끌어온 스승의 목표도 학문적 성취가 아니라 학장이나 총장이 되는 것이므로, 제자 교수는 그 스승의 사병 노릇을 하면서 온갖 나쁜 짓에 동원된다는 거예요. 동종교배가 낳은 끔찍한 결과물들이죠. 서울대 출신과 자교 출신들 사이의 끝없는 권력 투쟁으로 망가져가는 우리나라의 수많은 대학과 학과를 생각해보세요.

서울대 출신들도 문제이지만 무리하게 자기 제자를 심으려는 자교 출신들도 문제예요. 어느 지방 국립대에서는 이런 암투를 견디다 못해서 젊은 교수가 자살한 일도 있어요. 다들 쉬쉬해서 밖에 알려지지 않았을 뿐이죠. 싸움을 통해서 학문적 발전이 이루어질 수 있다면 싸움을 피할 이유는 없는데, 학문과 아무 상관없는 싸움만 이루어지고 있어서 큰일이에요. 동종교배가 낳은 어두운 면이라고 생각해요.

🐵 **대식**　동종교배도 세종류로 나눌 수 있어요. 제일 나쁜 것은 미국에서 박사학위 받은 사람들끼리 한국에 들어와서 서로 인브리딩을 하는 거야. 자기가 배출한 국내 박사는 교수로 뽑지 못하면서 미국에서 자기에게 학위 준 스승의 제자들을 데리고 와서 끼리끼리 해먹어요. 일종의 노예감독관이에요. 미국에 있는 지도교수가 진짜 주인이고, 자기는 한국에 파견 와서 노예들을 관리하는 거지. 그렇게 해먹는 게 제일 질이 나빠요. 동생이 이야기하는 경우, 즉 자기 제자인 국내 박사를 억지로 교수 만들려다 생기는 아수라장은 그래도 그것보다는 나은 단계의

동종교배예요.

마지막으로 학문의 전통이 살아나는 좋은 인브리딩이 있겠지. 좋은 인브리딩을 위해서 후계자가 꼭 자기 제자일 필요는 없어요. 누구든 어떤 대가의 후계자가 되려고 노력하는 과정에서 좋은 결과물이 나오니까요. 왜냐? 다들 열심히 하니까! 그리고 동종교배 씨스템이라고 해서 바깥에서 들어오는 사람을 완전히 배제하는 게 아니에요. 언제든지 딴 사람이 치고 들어올 수 있도록 열어놓아요. 외부에서 올 확률과 내부에서 올라갈 확률이 50 대 50 정도 돼요. 그 경쟁을 이기고 제자들이 살아남아야 하는 거지. 어떤 때는 자리 하나 채우는 데 5년이 걸리기도 해요. 인터뷰를 계속하면서 최고를 뽑는 거야. 그럼 후계자 교수는 지도교수를 그냥 따라가나? 전혀 그렇지 않아요. 그 사람도 몸부림치는 거야! 더 좋은 걸 해서 지도교수를 넘어서려고!

弟
두식 미국에서 박사학위 받은 사람들끼리 한국에 와서 엉터리 인브리딩을 한다는 얘기는 흥미로운 관점이네요. 귀국해서도 미국에 있는 지도교수와의 인연을 끊지 못하고 평생 그 교수의 조수 노릇만 하면서도 한국에서는 노벨상에 근접한 학자로 행세하는 사람들이 있죠. 물론 미국 유학 당시 지도교수와의 인연을 무시할 수는 없어요. 학비도 대주고 용돈도 주고 공부도 가르쳐주고 5~6년 동안 거의 아버지 같은 역할을 해준 존재니까요.

兄
대식 지도교수와의 인연은 좋은 거지. 아름다운 거야. 그런데 거기에서 눈에 안 보이는 종속관계가 생겨요. 유학파들의 가장 큰 문제가 하버드대나 버클리대에 있는 지도교수와의 끈을 놓지 않는 거예요. 마약처럼 못 끊는 거지. 지도교수랑 논문도 같이 쓰고, 지도교수 책 번역도 해주고, 지도교수를 한국으로 초청도 합니다. 지도교수가 만들어놓은 집을 과감하게 박차고 나와 자기 집을 짓는 노력을 해야 하는데, 대부분의 사람은 그걸 하지 못해요. 쉬운 길을 선택하는 거예요. 그런 사람일수록 국내 박사를 교수로 뽑으려고 하면 동종교배는 나쁘다면서 심지어 자기 제자를 교수로 뽑아주려고 해도 반대해요. 그러면서 자기에게 학위 준 미국 스승의 한국인 제자는 앞장서서 데리고 와요. 자기가 하버드대 박사 출신 서울대 교수면서 자기 제자인 서울대 박사를 서울대 교수로 뽑지 않는 거예요. 대신에 서울대 학부 나와서 하버드대에서 박사를 딴 후배를 서울대 교수로 뽑는 거지. 이것도 물론 동종교배예요. 아주 나쁜 동종교배죠. 너무나도 비겁한.

弟
두식 자기 자식은 교수로 뽑지 못하면서 대신에 자기 형제를 외국에서 데리고 오는 셈이네요.

兄
대식 그렇지. 피땀 흘리며 함께 연구한 자기 제자들을 교수로 키워 함께 자기 집을 지어야 하는데, 그건 다들 피해요. 자기 제자 박사를 교수로 만들려면 당장 다른 교수들과 부딪쳐야 하니까요. 왜 네 몫만 챙기려고 하느냐며 견제가 들어오거든요. 그런데 자기 미국 지도교수가 배출한 한국인 박사를 데리고 오면 모든 문제가 해결돼. 나는 욕심이 없는 놈이야, 내 걸 챙기지 않아, 뭐 이런 이미지를 쌓을 수 있고, 동료 교수들도 그건 견제하지 않아요. 학문 전체가 미국에 엄청나게 종속된 결과입니다.

그러면서 자기가 그 지도교수와 수십년 전 연구한 걸로 함께 노벨상을 타기를 기대해요. 노벨상이 수십년 후에 주어지는 경우도 많으니까요. 그래서 평생 그렇게 미국 지도교수와의 인연을 이어가죠. 미국 지도교수와 함께 노벨상을 타려면 끊임없이 뭔가를 같이해야 하니까요. 가만히 있으면 안 되거든. 다른 사람들에게도 자기가 미국의 지도교수와 연결되어 있다는 걸 계속 상기시켜줘야 해요. 그래야 지도교수가 노벨상 받으면 자기도 함께 받게 되니까요. 그런 생각이 결국은 학문의 노예academic slavery를 만들어요. 평생 한번도 자기 집을 짓지 못하고 늘 지도교수 집의 한 귀퉁이만 지어주는 역할을 하는 거죠.

근본적으로 자기가 노벨상을 받으려고 하는 게 문제예요. 미국서 박사 받고 귀국한 교수들은 열심히 하되 자기가 노벨상 받는 걸 목표로 하면 안 돼요. 그렇게 노벨상 받아봐야 한국 노벨상이 아니라 미국 노벨상이니까요. 자기 제자인 한국 박사, 한국 과학의 DNA를 가진 교수가 노벨상을 받는 걸 목표로 삼아야죠.

"교수도 못 시킬 거면서 박사과정 학생은 왜 뽑나?"

弟
두식
방학이나 연구년 등 틈만 나면 미국 지도교수를 찾아가는 교수들이 상당히 많죠?

兄
대식
당연하죠. 그게 또 학문의 종속을 야기합니다. 방학이나 연구년 때면 빠짐없이 미국 지도교수를 찾아가는 사람일수록 우리나라 환경에서 뭘 해보려고 하지 않아요. 거기에는 끝없는 변명이 있어요. 우선 서울대 졸업생 중에 1, 2등은 모두 해외유학을 가버렸다는 게 그 교수들에게는 가장 좋은 변명거리가 되죠. "서울대에서 박사과정을 밟는 애들은 최고가 아니다. 그런 학생들을 데리고는 최고의 연구실적을 낼 수 없다. 미국에 있을 때보다 연구실도 후지고, 기자재도 모자라기 때문에 나 같은 천재도 어쩔 도리가 없다!" 평생 변명만 하면서 살아요. 엄청 복잡한 심리상태야. 그러면서 또 자기가 가르치는 학부생 1, 2등에게는 유학을 가라고 권해. 제대로 공부하려면 미국을 가야 한다고! 1, 2등이 MIT 가서 좋은 업적을 내면 그걸로 또 핑계거리를 삼아. "거봐라. 그런 애들을 데리고 일을 했어야 하는데, 그러지 못해서 내가 이 모양이다!" 너무 뻔한 건데 사람들이 그걸 간파하지 못하는 게 신기해요. 미국의 노예가 되는 이런 나쁜 인브리딩은 그만해야죠.

미국 박사들의 나쁜 동종교배는 다음 단계의 동종교배에도 좋지 않은 영향을 끼쳐요. 물론 동생이 이야기하는 것처럼 교수들이 자기 제자를 억지로 심으려다 생기는 문제가 있을 거예요. 예전에는 그런 일이 더 많았어요. 그런데 우리 전 세대만 해도 지방의 인재들이 지방 국립대로 몰렸어요. 모두 서울로 올라온 게 아니에요. 그 사람들이 나중에 교수도 됐어요. 고등학교 선생님 하다가 교수가 된 분들도 많아요. 그런 분들일수록 애교심이 남달라요. 그 애교심 때문에 뭔가를 이뤄내요. 그 아수라장에서 싸우다가 엄청나게 잘하는 이상한 괴물이 나오기도 해요. 꼭 나쁜 일만은 아니에요.

오히려 그런 동종교배를 막은 결과로 어떤 일이 벌어지나요. 서울대에서 배출한 박사들이 지방 국립대에 가서 교수를 해요. 서울대 교수 자리는 유학 다녀온 친구들에게 빼앗기고 다른 대학으로 가는 거죠. 그런데 이 사람들은 그 지방 국립대 출신들과 많이 달라요. 근본적으로 애교심이 약해요. 자신이 왜 여기까지 내려왔나 억울해하는 마음이 있어요. "내가 서울대에서 우수한 학생들을 가르쳤다면 훨씬 좋은 성과를 낼 수 있었을 텐데, 지방대 애들로는 도저히 그럴 수가 없어. 내가 연구를 제대로 못하는 것은 연구 여건이 나빠서야." 그러면서 최고가 되기를 포기하고 대충 살아요. 실적이 안 나오는 건 모두 환경 탓이 되는 거예요. 해외유학파 교수가 서울대에서 불평하는 것과 똑같은 한탄을 서울대 박사인 교수가 지방대에서 늘어놓아요. 교수를 뽑을 때가 되면 자기가 키운 지방대 박사를 뽑지 않고 서울대 출신 박사를 뽑아. 이거 정말 재미있지 않나요?

弟
두식   우리나라 학계의 왜곡된 현실에 대한 탁월한 통찰입니다. 그래도 요즘은 교수 채용할 때 논문 숫자 같은 객관적 지표를 보기 때문에 예전처럼 무조건 해외 박사만 뽑지는 못하잖아요.

兄
대식   좋은 논문이나 실적으로 교수를 뽑는다는 건 자기가 좋아하는 지원자의 실적이 좋을 때에나 하는 얘기예요. 논문이 부족한 유학파와 논문이 많은 국내파가 교수 자리를 놓고 다투면 "(국내파인) 얘는 논문을 많이 쓰기는 했지만, 주로 지도교수의 아이디어였기 때문에 점수를 많이 줄 수 없다"라는 식의 엉뚱한 논리를 가져다 대요. 국내 박사는 원래 공부를 못한 애였다는 생각이 바탕에 깔려 있는 거지. 그런데 수석 하고 그랬던 애들이 미국 명문대 박사학위를 땄는데 실적이 부족하면 뭐라고 하는지 알아요? "쟤가 미국에서 실패하기는 했지만 조금만 더 기다려보면 굉장히 잘할 애다. 너무 안타까워서 기회를 줘야 한다." 그럼 다른 교수들도 고개를 끄덕이면서 너무나 자연스럽게 유학파를 뽑는 쪽에 표를 던지는 거야. 얼마든지 그런 장난을 칠 수 있어요. 그렇게 뽑힌 사람이 나중에라도 괜찮은 논문

해외유학파 교수가 서울대에서 불평하는 것과 똑같은 한탄을
서울대 박사인 교수가 지방대에서 늘어놓아요.
교수를 뽑을 때가 되면 자기가 키운 지방대 박사를 뽑지 않고
서울대 출신 박사를 뽑아. 이거 정말 재미있지 않나요?

을 하나 쓰면 그때 가서야 "내가 말했잖아" 이러면서 자기의 뛰어난 감식안을 자랑해요. 그런데 웃기잖아요. 왜 국내 박사한테는 그런 기회를 안 주냐고! 여기서 『사이언스』나 『네이처』에 논문을 내면 바로 교수로 만들어야지!

弟
두식   윌리엄 피터스가 쓴 『푸른 눈, 갈색 눈』이란 책이 생각나네요. 1968년 마틴 루서 킹 목사가 암살당한 다음 날 아이오와주에 있는 제인 엘리어트라는 초등학교 교사가 재미있는 실험을 시작하잖아요. 초등학교 3학년짜리 애들을 갈색 눈과 푸른 눈으로 나누어서 갈색 눈이 근본적으로 우월하다고 선언한 후 하루 동안 온갖 특혜를 주죠. 갈색 눈이 무슨 질문을 하면 "역시 갈색 눈은 달라. 아주 훌륭한 질문이야"라고 긍정적인 반응을 하고, 푸른 눈이 무슨 질문을 하면 아주 괴로운 표정을 지으면서 "푸른 눈은 역시 안 돼" 하는 거예요. 딱 하루의 실험만으로도 갈색 눈은 뭐든지 잘하고, 푸른 눈은 아무것도 못하는 애들로 실제로 변모하는 걸 봤어요.

   다음 날에는 이걸 바꿔서 실험을 하죠. "어제는 잘못 알았다. 뭐든지 잘하는 것은 갈색 눈이 아니라 푸른 눈이다." 이 간단한 실험으로 낙인이 사람에게 미치는 효과를 체험하게 했어요. 애들의 인생을 변화시킨 실험이었죠. 형이 얘기하는 식의 교수 채용은 결국 국내 박사에게는 할 수 없다는 낙인을 찍고, 해외 박사에게는 할 수 있다는 무임승차 티켓을 주는 셈이잖아요. 국내에서 공부한 학생은 잘해도 인정하지 않고, 유학 간 학생은 잘할 때까지 기다려주는.

몇년 전 제가 카이스트에서 '창의성을 인정하지 않는 나라에서 과학자로 살아남기'라는 제목으로 강연을 한 적이 있어요. 이공계를 잘 모르니까 그저 형하고 평소 하던 이야기를 학생들과 나눈 거예요. 그런데 제일 호응을 받았던 한마디가 "교수도 못 시킬 거면서 박사과정 학생은 왜 뽑나?"라는 거였어요. 강연 끝난 후 대학원생들끼리 나눈 얘기를 전해준 분이 있었는데요, "오늘 이 얘기는 우리 교수가 들어야 하는 건데, 힘없는 대학원생만 모아놓고 이런 얘기하면 뭐하냐?" 이러더래요. 국내에서 공부하는 사람들에게는 그만큼 절박한 문제인 거죠.

대학교수 선발에서 유학파에게 우선권을 주는 현실을 얘기하다보니, 우리나라 대학원이 가진 독특한 서열화 현상도 이야기하지 않을 수 없네요. 각 대학마다 최상위권은 자기 학교 대학원이 아니라 서열화 구조 속에서 하나 더 높은 대학원으로 진학하는 현상인데요, 서울대에서 최상위권인 학생은 해외유학을 가고, 서울 시내 다른 학교 대학의 최상위권은 서울대로 진학하고, 그 빈자리는 또 지방대 학생들이 채우는 식이에요. 대학원 진학을 통한 '학력 세탁'이라는 부정적 표현을 쓰는 사람도 있을 정도예요. 물론 쓰면 안 되는 말이죠. 그런 표현 자체가 서열과 차별을 바탕에 깔고 있으니까요. 교수들이 이런 상황을 내세워 아까 말씀하신 것 같은 변명을 계속하는 것도 사실입니다. 우리 학교 우수한 애들은 다른 대학원으로 진학했기 때문에 그보다 떨어지는 대학원생들을 데리고 일하기 힘들다!

　지방 거점 국립대에서는 더 안타까운 현상도 눈에 띕니다. 과거에는 지역의 우수한 인재들이 서울의 이른바 명문 사립대에 가기보다는 학비가 싼 경북대, 부산대, 전남대 같은 지방 거점 국립대를 선택하는 일이 많았잖아요. 우리 학교 교수님들 대부분도 그 시절의 자부심을 먹고 살아요. 형이 얘기한 것처럼 그런 분들이 애교심도 강하고요. 그러나 그런 자부심이 독이 될 때도 있어요. 간혹 "우리 때는 요즘 애들처럼 바보 같지 않았거든요"라는 얘기를 자주 하는 모교 출신 교수들이 있습니다. 학생들에 대한 불만족은 그분들이 제일 강하죠. 혹시라도 자신들을 요즘 학생들 수준으로 볼까봐 걱정하는 것 같기도 해요. 후배들에 대한 애정과 함께 자기 수준이 떨어지는 것에 대한 걱정이 공존하는 거죠.

　자기 학생들에 대한 불만은 어디에나 있을 거예요. 40대 교수들에게는 마치 자기가 20대 때에도 지금처럼 많이 알고 성숙한 사람이었던 것처럼 착각하는 경향이 있으니까요. 자기 자신에 대한 환상이죠. 40대 기준을 20대에게 들이대니 당연히 미숙해 보이죠. 남의 떡만 괜히 커 보이고. 논문 써 오는 걸 보니 주술관계도 맞지 않고, 맞춤법도 틀리고, 그래서 화가 나는데, 왠지 하버드대, 예일대 다녀온 애들은 뭐가 달라도 다를 것 같은 느낌. 유학 보낸 학생들에 대해서는 자기가 직접 가르치지 않았기 때문에 평가가 후한 경향이 있죠.

형 **대식** 　서울대에서 그런 현상이 제일 심해요. 요즘 서울대 자 연대 교수들의 가장 큰 스트레스가 뭐냐? 고등학교 때 공부 잘한 애들이 모두 의대를 가서 큰일이라는 거예요. 자신은 경기고 나오고, 또는 평준화 고교에서 1등 하고, 전국 300등 안에 들었는데 지금은 1만등짜리가 온다는 거야. 기분이 나쁜 거지. 그럴 때 교수들은 그중에서 그나마 나은 학생을 찾으려고 노력해요. "그래도 누구는 괜찮더라. 올림피아드에서 뛰어난 성적을 거두었고." 이러면서 학생들을 관리해요. 공부 잘한 애들이 자기 밑으로 오기를 원하고 미리 작업을 하는 경우도 있어요. 그러면서 해외유학 간 학생들과 따로 관계를 유지해요. 지금 자기 제자들이 아니라 해외유학 보낸 옛 제자하고 자신을 자꾸 동일시하는 거죠. 그래서 해외로 연락을 해요. 이번에 자리 났으니 한번 지원해봐라 하는 식으로. 그렇게 인맥을 관리하면서 쉽게 학파를 만들려고 해요. 그런다고 학파가 만들어지나요. 학파는 같이 피땀 흘려 연구하면서 만드는 거지, 해외에 있는 제자들하고 이메일 주고받으면서 만드는 게 아니야. 나는 그거 하나는 자랑스럽게 생각해. 유학 간 애들하고 한번도 이메일 주고받은 적 없어.

　이런 씨스템에서는 누구도 목숨 걸고 공부하지를 않아서 문제예요. 목숨을 건다는 건 자기 자식에게 먹을 걸 만들어주기 위한 노력이거든. 뭐라도 물려주고자 하는 거예요. 돈이 아니라 분야를 물려주는 거지. 새로운 영역을 개척하고 물고기 잡는 방법을 가르쳐주려는 노력에서 창의성이 나와요. 그걸 기초로 자기 집이 지어지고요. 유학파에 의존하는 건 그걸 남에게 맡기는 거야. 게으른 거지. 그러면서 핑계만 대요.

방학이면 사라지는 기러기 교수

弟 두식 이와 관련해서 평소에 형은 기러기 아빠들의 문제를 자주 얘기했죠. 신문에 글을 쓰겠다는 걸 제가 만류한 적도 있어요. 개인적인 사정이 다른데 기러기 아빠라는 하나의 범주로 묶이는 것 자체가 당사자들에게는 기분 나쁠 수도 있으니까요. 그래도 오늘은 조심스럽게 한번 짚고 넘어갔으면 좋겠어요. 방학 때마다 미국의 자기 지도교수를 찾아가는 학자들 중에는 기러기 아빠가 적지 않죠?

兄 대식 방학만 하면 줄지어 미국으로 떠나죠. 기러기 아빠뿐만 아니라 펭귄 아빠, 독수리 아빠, 기러기 엄마 같은 다른 유형들도 생겨났을 정도입니다. 통계조사를 해보지는 않았지만 기러기 아빠 중에 가장 두꺼운 층이 아마 대학교수일 거예요. 상

당수의 대학교수들이 미국에서 학위를 받았고, 공부하는 중에 낳은 자녀가 미국 시민인 경우가 많아 자연스럽게 미국 교육 씨스템에 익숙해졌어요. 교수가 되어 한국으로 귀국했는데 애가 적응을 못하면 미국으로 보내죠.

적응을 못한다? 그게 무슨 뜻이겠어요? 고상하게 말하지만 한마디로 기대한 만큼 성적이 안 나온다는 얘기예요. 보통 사람 같으면 이런 때 공부를 열심히 시키거나 아예 포기하거나 할 텐데, 대학교수들은 금방 대안을 찾죠. 귀국 후 6년쯤 지나면 애가 중학교에 진학할 시기인데 그때가 딱 처음 안식년 갈 때랑 겹쳐요. 그러면 가족들을 모두 데리고 미국에 가서 1년을 지낸 뒤 아내와 아이들을 놓아두고 돌아오죠. 대학교수들이 이런 식으로 기러기 아빠의 길을 개척했어요. 공무원, 교사, 신문기자, 피디, 의사, 판검사, 변호사들이 그런 노하우를 배워 미국으로 자녀를 보냈습니다. 개인 선택이기 때문에 기러기 아빠 현상 자체를 비난할 이유는 없어요. 그러나 한국에서 대학교육을 책임지고 있는 교수들이 이 현상의 선두에 서 있는 건 보통 일이 아니에요.

왜냐? 대학교수는 우리나라에서 매우 괜찮은 직업에 속해요. 의사는 처가만 좋고, 변호사는 친가만 좋고, 교수는 자기만 좋다는 얘기가 있을 정도예요. 영국에는 '사람은 발로 투표한다You vote with your feet'는 오랜 표현이 있어요. 한국에서 대학교수로 발을 담그고 있다는 사실 자체가 이미 많은 걸 얘기하고 있는 겁니다. 그런데 한국의 교수들은 자신의 오른발은 우리나라 대학에 딛고 있으면서 왼발은 외국 초·중·고등학교, 대학교에 담그고 있어요. 우리 교육 씨스템의 정점에서 일하면서 자기 자녀는 외국 교육 씨스템에 맡기는 거죠. 말이 안 돼요.

첫째, 남의 자식에게 한국 대학교육이 괜찮다고 얘기하려면 자기 자식도 거기서 교육을 받게 해야죠.

둘째, 자식을 외국에 맡겨놓은 상태에서 과연 자신이 몸담고 있는 대학의 교육, 대입제도, 대학원생의 미래에 혼신의 힘을 쏟을 수 있을까요?

셋째, 교수들은 대개 자신이 학위를 받거나 연구했던 동네에 자녀를 보내요. 자기가 하버드대 나왔으면 애들도 매사추세츠주의 케임브리지로 보내요. 그 동네를 잘 아니까. 출장명령도 그 동네로 내요. 그러면서 그쪽 교수들로부터 눈에 보이지 않는 많은 편의를 제공받죠. 지도교수랑 공동연구를 많이 하는 것도 이 문제와 무관하지 않아요. 지도교수는 필요할 때 언제든 초청장을 써주니까요. 당연히 우리 연구나 학문이 해외에 종속되는 거예요.

넷째, 학문과 직접 관련은 없을 수 있지만 그 자녀들이 나중에 미국 시민으로서 완전히 합법적인 병역기피를 하게 돼요. 그게 위화감을 조성하고요.

"우리 아들은 미국 명문대학을 다녀요. 그런데 당신 애는 한국의 우리 학교에 보내주세요." 이율배반이고 말도 안 되는 얘기예요. 그리고 방학 때마다 교수가 사라지는 실험실에서 어떻게 제대로 된 성과가 나올 수 있겠어요? 그러면서 맨날 학생들 탓만 하고. 극단적으로 얘기하자면 1년에 절반만 일하고 월급을 받는 거예요. 미국을 오가는 비용도 모두 연구비에서 쓰고 말이죠. 그렇게 연구비 쓰고 연구를 하나도 안 하면 차라리 그게 더 나을 수도 있어요. 그냥 놀고먹으면 차라리 피해가 적어! 그럴 수가 없으니까 자꾸 지도교수랑 연구를 하면서 학문이 미국에 종속된단 말이에요. 그게 더 나빠요. 생물학적 자식들은 미국에 맡겨서 살리고, 방학 때마다 한국의 학문적 자식들은 방치해서 다 죽이는 거잖아!

弟
두식
얘기 듣다보니 대학교수를 뽑을 때 해외파에 우선권을 주는 것도 기러기 아빠와 무관하지 않겠어요. 그런 교수들 입장에서는 해외에서 공부하고 돌아온 학생들을 자기 자녀와 동일시하기 쉽잖아요. 국내에서 공부하는 학생들은 억지로 맡아 키우는 그저 일거리에 지나지 않고요.

한동안 대학가를 뒤흔들었던 세계 수준 연구중심대학WCU, World Class University 프로젝트도 비슷한 문제를 가지고 있어요. 노벨상 수상자 등 해외 석학을 모셔다가 대학을 선진화한다고 떠들었잖아요. 매년 몇천억을 쏟아부었는데 구체적으로 어떤 성과가 있었는지 점검해볼 필요가 있어요. 다 그런 건 아니겠지만, 해외에 있는 자기 지도교수들에게 보은하는 데 이 프로젝트가 활용되지 않았나 의심스럽기도 해요. 근본적으로 학자들이 자

교수들이 이 현상의 선두에 서 있는 건 보통 일이 아니에요.
생물학적 자식들은 미국에 맡겨서 살리고,
방학 때마다 한국의 학문적 자식들은
방치해서 다 죽이는 거잖아!

기 집을 갖는 데 전혀 도움이 안 되기도 했고요. 해외 석학들이 1~2년 왔다 간다고 우리 연구환경이 획기적으로 달라질 리도 만무하고요.

대식 WCU의 경우에는 해외 교수들이 들어와서 월급 잘 받다가 대부분 원래 있던 학교로 돌아갔죠. 열심히 한 사람들도 있기 때문에 그 사람들에게 뭐라고 하고 싶지는 않아요. 문제는 그 프로젝트를 만들어낸 정신이죠. 아직도 외국에서 한 수 배워야 한다는 생각. 학문적으로 외국에 종속되어 있는 사람들의 머리에서 나온 프로젝트예요. 그런 머리에서는 어떤 선한 것도 나올 수 없어. 독사의 입에서는 독만 나오는 거야! 그런 사람들이 총장까지 하겠다고 달려들어요. 하면 안 돼!

5장

—

하버드대 한국 분교 교수들

주인집 자식 위해
목숨 바치는 노예

弟
두식   지난번 대화를 통해 해외유학, 교수 채용, 기러기 아빠, 학문의 해외종속성이 분리된 문제가 아니라는 걸 깨달았습니다. 형하고 이야기하다보니 뭐가 문제인지 큰 그림이 그려지는 느낌입니다. 오늘은 그 얘기를 좀더 해볼까요? 해외유학과 관련해서 문과 쪽은 한가지 문제가 더 있어요. 이공계 유학생들은 외국에 남아서 연구생활을 할 가능성이 열려 있고 학생들도 그 가능성을 생각하며 공부를 해요. 그런데 문과 유학생 중에서 처음 시작할 때부터 미국에 남을 생각하는 사람은 많지 않아요. 영어로 논문 쓰고 강의하며 살아남는 게 힘들다는 걸 다들 아니까요. 그거보다는 귀국해서 중간중간 발음 좋은 영어를 적당히 섞어가며 강의하는 게 훨씬 편하죠. 귀국해 누리는 사회적 인정과 미국사회에서 평범한 교수로 살아가는 것 사이의 차이도 있고요.

대부분 돌아오는 걸 목표로 유학을 가다보니 실제로 미국에 교수로 남는 사람들은 의외로 학벌이든 뭐든 한국에 끈이 없는 분들이에요. 미국에서 박사를 하고 괜찮은 미국 대학에서 교수를 하고 있는데도 한국에 지원할 때마다 고배를 마시는 분들이죠. 우리나라의 좋은 학부 출신이 아니라는 이유로 여기서는 교수로 뽑아주지를 않으니까요. '나는 한국 가기 글렀다' 하고 딱 포기한 분들 중에 해외에서 성공하는 학자가 나와요. 미국 사람이 되기로 작정하고 영어를 갈고닦고 연구도 열심히 하고.

해외유학 중심의 학문이 되면서 우리 대학원이 망가지는 것도 큰 문제예요. 자기가 가르치는 제자들 중에서 교수를 만들 생각이 없으니 아무래도 논문지도 등이 소홀해지기 쉽죠. 자기가 미국에서 지도교수의 논문지도를 받을 때만큼 열심히 제자들을 가르치지 않다보니 자기가 가르친 제자들에 대한 신뢰도 약해요. 우리 대학원 교육의 부실은 국내 박사를 교수로 뽑지 못하는 또다른 명분이 됩니다. 완전히 악순환이에요. 해결책이 잘 보이지 않죠.

㊛ 해결책? 있습니다. 예를 들면 서울대 물리학과에서 해
대식 마다 50명이 졸업해서 다섯명은 해외유학을 가고 25명

은 서울대 대학원에 진학한다고 쳐요. 그러면 나중에 교수 뽑을 때도 그 비율을 유지하면 되는 거예요. 국내 박사 다섯 명을 뽑을 때 해외 박사를 한 명 뽑으면 되는 거죠. 미국 유학했다고 배제하자는 게 아니에요. 최소한의 공정성을 확보하자는 거지. 그런데 이런 얘기를 하면 게으른 교수들이 당장 "유학 간 다섯 명이 공부 잘한 애들인데?"라고 난색을 표해요. 그러면 나는 되묻고 싶어요. 도대체 공부 잘한 애들, 1등부터 5등까지 한 애들이 연구를 잘한다는 증거가 어디 있냐고요. 그리고 세상에 희한한 일 아닌가요? 자기 학부에서 제일 공부 잘한 애들을 자기가 가르치려고 하지 않고 앞다퉈 해외유학 보내는 나라가 어디 있어요?

나는 이렇게 생각해요. 자기 자식이 없을 때는, 즉 자기가 박사를 길러내지 못하는 단계에서는 유학파 박사라도 교수로 뽑는 거 좋아. 다른 방법이 없으니까! 그런데 자기가 박사를 길러내기 시작한 순간, 외국 박사가 아무리 좋아도 걔를 먼저 뽑으면 안 돼! 내 자식을 뽑아야지! 외국 박사를 더 좋아하는 게 마치 더 고상한 것처럼 평가받는 문화는 완전히 이중적인 거예요. 봉건시대에는 종이 주인집 자식을 위해서 목숨을 바쳐요. 자기 자식에게보다 주인집 자식한테 더 잘해요. 그러고 나서 주인한테 상을 받아. 그게 노예의 윤리예요. 노예가 노예를 기르는 교육을 하면 다 같이 망해요. 이미 미국 지도교수의 내시가 된 서울대 교수가 계속해서 다른 내시만 교수로 뽑아오니 아르헨티나, 브라질 꼴이 나는 거예요. 브라질의 물리학? 나름대로 괜찮아요.

나라가 크니까 논문도 꽤 나와요. 그런데 브라질에서 뭐가 나왔어? 새로 발견한 게 있어? 없어요. 우리도 정확히 그렇게 망해가고 있어요. 논문 수는 브라질보다 많지만 하나도 나을 게 없어요. 한국에서 잘하는 게 뭐고, 한국에서 시작한 분야가 있나, 물어보세요. 그러면 깨갱. 할 말이 없어요.

그러면서도 물리학 내부에서는 엉뚱한 싸움들을 하고 있어요. 예를 들면 '이건 물리가 아니고, 이건 물리고' 하는 식으로 순수, 응용을 가르는 싸움을 하거든요. 근데 뭐가 있어야 싸우지. 싸울 이유가 전혀 없어요. 독창적인 결과물을 내지 못하면서 그런 걸로 싸우면 그냥 당파싸움이에요.

심지어 결론이 나지 않으면 미국 명문대에서 어디까지를 물리로 치느냐를 근거로 대면서 싸움을 해요. 미국은 원래 순수과학이 약하고 공학이 강했던 나라예요. 그러다보니 노벨상이 아무리 많이 나와도 순수과학은 늘 방어적인 입장이 될 수밖에 없어요. 그래서 문자 그대로 순수! 응용이 덜 강조되는 이런 전통 때문에 미국 물리학은 많은 분야를 공학 쪽에 넘겨줬어요. 예를 들면 유체역학, 기체, 기상 등은 물리학에서는 더이상 다루지 않는다는 식이에요. 공대가 다 가져간 거야. 그러다보니 물리학은 아무래도 이른바 순수 쪽에 치우치게 됐어요.

그런데 유럽은 놀랍게도 공학이 완전히 물리학의 일부예요. 공학을 다 합친 거랑 물리학의 규모가 비슷해요. 유럽은 자기네가 물리학을 시작했잖아요. 자기들이 원조이기 때문에 유럽에서는 물리학에서 무슨 연구를 하면 그게 그냥 물리학 분야가 돼요. 그만큼 물리학의 범위가 넓어요. 미국과 유럽은 물리학의 역사와 범위가 그만큼 달라요. 우리나라에 미국 박사들밖에 없다 보니 미국식이 무슨 절대적 진리인 줄 아는 게 문제예요. 새로운 분야를 하려고 하면 "그건 물리가 아니다" 이러면서 제동을 걸어요. 왜 물리가 아니냐고 하면 "미국에서 아니니까 아닌 거다" 이러고 있어요. 사실은 이런 싸움을 하는 것 자체가 웃긴 거죠. 순수든 응용이든 우리나라에서 시작한 게 하나도 없는데 왜 그걸 가지고 싸워요? 자기 것이 없으니 이런 소모적인 논쟁이나 하고 있는 거예요.

지난 시간에도 이야기했듯이 이론과 실험, 순수와 응용 물리학의 차이라는 게 무의미해요. 실제로는 이론이 암기를 요구하는 측면이 있어요. 옛날에 제가 수학을 잘했잖아요. 대학교 때 수학 학점이 다 A플러스야! 수학도 사실은 외워서 할 수 있는 부분이 많아요. 일반적으로 생각하는 것하고는 달라요. 실험이 오히려 창의성을 요구해요. 예를 들어 돈만 주고 100평짜리 공간에 실험실을 꾸미라고 해보세요. 실험이 진행되려면 순간마다 공간지각력과 높은 아이큐, 이큐가 필요해요. 종이와 펜을 가지고 혼자 일하는 것하고, 무에서 유를 만들어내는 걸 비교해보세요. 과연 어느 쪽이 더 머리가 필요한 분야인지? 이론 쪽이 단순하고 실험 쪽이 훨씬 복잡해요. 나는 머리가 나쁜데도 실험을 잘해온 드문 경우예요. 동생이 알잖아, 내가 아이큐 나쁜 거. 운

이 좋았던 거지. (웃음)

弟
두식　우리나라는 어느 학문 분야나 지나친 모범생들만 넘쳐
서 문제인 측면도 있죠. 새로운 걸 만들고 난관을 돌파
하는 데는 모범생들의 태생적 한계가 있잖아요. 워낙 선생님이
시키는 것만 성실하게 수행해온 사람들이라서요. 미국에서 지
도교수 아래 있을 때에는 그저 시키는 대로 성실하게 일해서 좋
은 결과를 만들다가, 귀국해서는 위에서 뭘 지시하는 사람이 없
으니 오히려 더 힘들 거예요. 그래서 방학 때나 연구년마다 미국
의 지도교수를 찾아가는지도 몰라요. 계속 지시를 받아야 하니
까요.

兄
대식　A라는 미국인 교수하고 이야기를 나눈 적이 있어요. 그
의 제자인 한국인 B교수는 대학원 때 A교수 아래에서
하던 연구를 귀국해서도 계속하고 있어요. A교수가 B교수에 대
해서 쓴 추천서에는 온갖 찬사가 넘쳐요. 심지어 A교수 자신보
다도 능력 있는 교수라고 B를 치켜세워요. 나쁜 소리라고는 한
마디도 하지 않아요. 그런데 그걸 그대로 믿으면 안 돼요. A교수
는 B를 추천하고 책임질 일이 없어요. 만약 A교수가 미국 대학
에 B를 추천한다면 그렇게 할 리가 없겠죠. 그렇게 좋은 말만 했
다가 B가 개판 치면 쪽팔리니까요. 미국에서 추천서가 권위를
잃으면 자기 제자를 취업시킬 수가 없어요. 그러나 제자가 한국

에 가면 상관없어요. 미국 교수들도 한국으로 귀국한 제자가 학교에서 잘릴 일이란 없다는 걸 다 알아요. 한명도 빠짐이 없이 다 정년을 보장받잖아. 한국의 정년보장 씨스템이 완전히 조크라는 걸 왜 모르겠어요. 그러니까 좋은 말만 하는 거예요.

나중에 술 마시고 좀 친해지면 진실을 얘기해요. "B는 30평짜리 빈 공간을 주고 돈을 무한정으로 줄 테니 니가 실험실을 한번 꾸며보라고 하면, 몸이 굳어서 아무것도 못 할 애다." 지도교수는 정확히 보고 있는 거예요. B는 A교수가 했던 연구실 모델을 그대로 베낄 능력은 있어도 자기 실험실을 꾸밀 능력은 없는 학자예요. B교수가 한국에서 뭘 하겠어요? 연구비 받아서 외국의 A교수 연구공간을 그대로 베껴. 똑같은 기계를 사고 똑같은 실험을 하면서 평생 지도교수의 '꼬붕' 노릇만 해요.

실험이라는 게 총체적인 싸움이거든. 실험실을 꾸미고, 아이디어가 부족하면 다른 사람하고 연대도 해야 하고, 종합적인 기술을 필요로 해요. 외우는 공부, 남의 것을 베끼는 실험만 한 사람은 평생 누군가의 팔로워. 미국에서 하던 거는 귀국해서 잘하죠. 그러나 자기 것은 하나도 없어요. 그게 어떻게 잘하는 거야? 자기 집이 없는데! 과학에서는 자신의 노예성을 문과보다 훨씬 잘 숨길 수 있어요. "세계 전체가 어차피 영어로 논문을 쓰고 나도 좋은 논문을 쓰고 있다. 학문에는 국적이 없다"라고 말하면 그럴듯하니까요. 그런 소리 하면서 남의 집 짓는 거나 도와주는 거지. 그것도 아주 구석에서!

도산서원 대신
하버드 학벌

弟
두식　얘기를 듣다보면 그래도 이과 쪽 교수들은 끊임없이 뭔가를 하면서 열심히 살기는 하네요. 문과는 유학의 의미가 더 모호해요. 자연계의 『사이언스』나 『네이처』처럼 실력을 인정받을 객관적인 지표가 있는 것도 아니고요. 우리나라 문제를 해결하는 데 외국 이론들이 도움이 되던 시대도 지나갔는데 여전히 학생들이 유학으로 몰리는 것도 이상하죠. 외국 가야 자료를 찾을 수 있는 것도 아니고, 유학파들도 귀국해서는 대부분 한국말로 논문을 쓰잖아요. 결국 유학한 학교 이름이 가장 큰 역할을 한다는 생각도 들어요.

兄
대식　해외유학이 조선시대로 치면 서원인 거지. 서원이 교육기관 역할도 했잖아요. 자기는 어느 서원 출신이라고 행세깨나 하는 사람들도 나오고. 도산서원 대신 하버드 학벌이 필요해졌을 뿐이야. 다를 게 하나도 없어.

저는 기본적으로 문과 교수들을 용서할 수 없어요. 유학을 했든 안 했든 문과 쪽 학자들은 우리나라의 독특한 현상을 제대로 연구할 마음이 없는 것 같아요. 산업화와 민주화를 동시에 이룬 우리나라예요. 성형수술 세계 1위, 포경수술 세계 1위고요. 재미

우리나라는 어느 학문 분야나
지나친 모범생들만 넘쳐서 문제인 측면도 있죠.

B교수가 한국에서 뭘 하겠어요?
연구비 받아서 외국의 A교수 연구공간을 그대로 베껴요.

있는 연구대상이 여기저기 널려 있어요. 이런 현상을 학문적으로 파헤치면 현실적인 문제 해결에도 기여할 수 있어요. 논문으로 세상을 바꾸는 거지. 내가 오죽 답답하면 초등학교 동창 방명걸 교수와 함께 탑골공원에 나가 노인들 대상으로 포경수술 설문조사를 해서 해외 비뇨기학회지에 논문을 냈겠어? 문과 쪽 학자들은 입신양명에만 관심이 있기 때문에 이런 주제에 손을 대려고 하지 않아요. 장인은 사회에 뭔가 '프로덕트', 결과물을 던지는 존재라고. 문제를 던지고 해결책도 줘야죠. 그런 게 너무 부족해요. 텔레비전에 나가고 자기가 유명해지는 게 제일 중요해요. 그래야 나중에 장관도 하고 국회의원도 할 수 있으니까. 맡겨진 사회적 역할은 하지 않으면서 맨날 인문학의 위기니 뭐니 떠들고 어디서 떡이나 얻어먹으려고 하고.

弟
두식 인문학의 위기는 기초과학의 위기처럼 좀 과장된 면이 있죠. '인문'이라는 단어가 주는 환상 비슷한 건데요, 집집마다 세계문학전집을 꽂아놓고 그걸 교양의 상징으로 생각했던 문화와 관련이 있을 거예요. 세계문학전집에 속해 있는 작품은 다 알아야 할 것 같잖아요. 모르면 굉장히 무식해 보이고. 어차피 소설인데 말이죠.

얘기가 좀 다른 데로 새지만, 우리나라에서는 "밀란 쿤데라의 『불멸』 읽어보셨죠?"라는 질문을 받으면 "아니요"라고 답변하기가 쉽지 않아요. 적지 않은 용기가 필요해요. 상대방 이야기에 박자를 맞춰줄 '기본 지식'에 대한 절박한 수요가 거기서 생깁니다. 그런 지식을 '인문'이라고 생각하는데, 책을 읽기에는 다들 너무 바빠요. 그럴 때 누군가 인문학 기반이 약해서 나라가 망한다고 설파합니다. 물론 책도 팝니다. 철학자의 이름으로 시작해 세계문학작품을 적절히 얼버무리고 소설가에 대한 최소한의 지식까지 재미있게 엮어내면 최상이겠죠. 밀란 쿤데라, 토니 모리슨, 도리스 레싱같이 들어본 적은 있지만 책을 읽어본 적은 없는, 그런데도 왠지 꼭 알아야 할 것 같은 저자들의 작품을 잘 모으면 이미 절반은 성공이에요. 밀란 쿤데라의 『불멸』을 읽지 않고도 "오래전에 읽어서 기억은 나지 않지만…"이라고 답할 수 있도록 돕는 책이면 완전 대박. 적절한 그림과 소설가들의 사진까지 들어가면 금상첨화. 그야말로 '책에 대한 책'의 전성시대죠.

그러나 원래 책이란 게 자기가 직접 제대로 읽지 않으면 절대 아는 척할 수 없어요. 「라디오 책다방」이라는 팟캐스트를 진행하면서 깨달은 거예요. 책은 절대 거짓으로 읽은 척할 수 없다. 거짓말하면 금방 탄로 난다! 한권이라도 좋으니 소설 그 자체를 읽어야 뭐가 남아도 남아요. '책에 대한 책'을 아무리 읽어도 그 지식이 자기 것이 되지는 않습니다. '책에 대한 책'이 너무 많고, 그런 책만 팔리는 건 안타까운 현실이에요. 지난번에 형이 수학 과외 이야기를 했잖아요. 공포를 수단으로 얄팍한 지식을 파는 건 과외나 인문학 장사나 큰 차이가 없어요.

형이 문과 쪽 학자들 욕을 많이 했지만 한양대 임지현, 성공회대 김동춘 교수처럼 국내에서 박사학위를 딴 학자 중에 외국에 나가 한국문제를 활발하게 발표하는 분들이 의외로 많아요. 한국 얘기를 한국의 틀로 분석하고 미국 가서 영어로 발표하면 미국 사람들이 귀를 기울인다는 거죠. 설사 영어가 좀 떨어진다 하더라도 내용에서 배울 게 많으니까요. 꼭 영어실력이 중요한 것은 아니에요. 문제는 내용이죠.

우리나라에서 사회과학이나 인문학을 하는 학자들은 외국의 학문적 성과를 각자 흩어져 원어로 읽어내는 데 너무 많은 시간을 소모해요. 이건 또 번역문제랑 관련이 있어요. 일본은 해외유학을 가지 않는 대신에 번역을 열심히 했잖아요. 네덜란드 것을 수입한 난학蘭學 시절부터 일부 하급 사무라이들이 새로운 분야에서 일종의 '장인'이 되기로 결심한 후 칼을 버리고 골방에 들어가 조잡한 난학 사전 한권을 가지고 번역에 헌신했죠. 그런 전통 때문에 지금도 일본은 세계 어느 나라보다 빠른 번역이 이루어지고 그런 번역물을 기초로 자국의 학문을 발전시키고 있어요. 학문적으로 동종교배가 이루어지고 있지만 외부 세계의 변화에 대해서는 그만큼 민감하게 반응한 거죠.

우리나라는 번역이 제대로 대접받은 적이 없어요. 학자들도 번역을 기피해요. 교수가 논문 한편을 쓰면 100점인데, 책 한권 전체를 번역해도 70점만 주는 학교가 많거든요. 외국의 어떤 책을 대충 짜깁기하고 자기 의견을 조금 보탠 논문을 쓰면 100점을 받고, 그 책 전체를 죽을 고생해서 번역하면 70점을 받는데, 누가 번역을 하려고 하겠어요. 예컨대 한나 아렌트가 쓴 『예루살렘의 아이히만』은 악의 평범성 또는 진부함을 이야기하는 책으로 1963년 영문으로 처음 출간됐어요. 출간 이후 40년 동안 우리나라 학자들이 숱하게 인용했지만 정작 번역된 것은 2006년이에요. 일본은 1969년에 번역됐어요. 번역되기 전에 그 책을 영문으로 읽은 우리나라 학자가 100명은 넘을 거예요. 번역된 책을 읽고 논의를 진행시키면 되는 일본과 비교해보면 학자들이 엄청난 인력낭비를 하고 있었던 거죠. 각자 흩어져서 혼자 힘으로 영어로 된 책을 읽어야 했으니까요. 이게 일종의 진입장벽이 되기도 했어요. 번역되고 나서는 학부생도 쉽게 읽고 논쟁에 끼어들 수 있게 되었죠.

사실 번역이라는 게 워낙 어려운 작업이에요. 자기 생각을 글로 쓰는 것보다 품이 훨씬 많이 들죠. 번역은 한 문장이라도 막히면 그걸 뚫기 위해서 하루 온종일을 고민해야 하거든요. 자기가 번역할 때는 눈에 안 들어오는데, 남의 오역은 귀신처럼 눈에 들어와요. 그래서 번역자들끼리 다른 사람의 오역을 지적하면서 인터넷에서 싸움을 벌이기도 하죠. 그렇게 남의 오역을 지적하던 분이 곧바로 자기가 번역한 책의 오류를 줄줄이 지적받기도 해요. 자기 실력이 바로 탄로 나기 때문에 교수들이 번역을 피한다는 생각도 들어요. 번역하다가 자기 실력 탄로 나고 욕먹는 것보다는 논문 쓰는 편이 한결 부담이 덜하죠. 그래서 저는 어지간한 오역이 있어도 일단은 번역자에게 감사해하는 편이에요. 외국어로 읽는 수고를 덜어준 것만 해도 고마우니까요. 일본처럼 제때에 다른 나라 책이 번역되어 나오기만 해도 해외유학의 필요성은 훨씬 줄어들 거예요.

兄
대식 우리나라 인구가 일본보다 적어서 시장이 작은 것도 무시할 수 없겠죠. 번역해도 팔리지를 않으니까요. 무조건 인구를 늘려야 해! 우리나라와 일본 문화의 더 근본적인 차이도 있어요. 일본에는 기본적으로 과거제도에 의해 선발된 엘리트 선비집단이 없었어요. 사무라이는 싸움을 하는 사람이지 공부를 하는 사람이 아니에요. 도쿠가와 막부에서 성장한 중인 계급은 그야말로 장인집단이었고요. 장원급제를 통해 입신양명하는 우리나라 선비들에게 공부는 신분 상승의 수단이지만 일본의 중인들은 신분적으로 더 올라갈 일이 없어요. 유학자든 장인이든 그냥 공부하는 게 자기 일이고, 그 자리에서 끝장을 보는 거예요. 올라가기보다는 깊이 더 깊이 아래로 계속 파는 과정이었죠. 열심히 한다고 해서 과거를 통해 최고 관료가 될 방법이 없었기 때문이에요. 유학자나 장인이 공부 잘한다고 영의정이 될 가능성이 없는 거예요. 우리나라의 과거제도는 나름대로 합리적인 제도였지만 학문의 발목을 잡은 측면도 없지 않죠.

弟
두식 도쿠가와 막부의 피라미드형 정치체제에서는 유학자의 지위가 상대적으로 낮았어요. 유교가 사무라이 지배계급을 초월하는 종교적 가치가 된 적이 한번도 없거든요. 도쿠가와 막부에 들어간 최초의 유학자들은 중이나 의사처럼 머리를 깎아야 했어요. 사무라이하고는 머리부터 구별되도록 한 거죠. 이케가미 에이코가 쓴『사무라이의 나라』를 보면 도쿠가와의 유학자였던 사토 나오카타가 "유학자, 의사, 승려, 군사이론가, 와카와 하이쿠 시인, 점성술사, 바둑장인은 모두 같은 수준으로 취급받는다"라고 개탄해요. 유학자들이 국가를 경영한 우리나라에서 과거제도가 신분 상승의 중요한 통로가 되었던 것과는 근본적으로 다르죠. 우리나라는 조선의 과거제도가 일제강점기의 고등문관 시험을 거쳐서 거의 그대로 사법시험과 행정고시로 계승되었다고 볼 수 있어요. 시험에 통과해서 관료가 되면 권력과 부가 보장되는 씨스템이죠. 시험의 공정성이 보장되는 대신 전국민이 거기 매달리게 되는 문제가 있었고, 장인이라고 할 만한 전문 집단이 만들어지지 못했어요. 형이 지적한 것처럼 과거제도 때문에 학문 전체가 수험용으로 전락한 측면도 무시할 수 없죠.

입신양명 공부는 이제 그만

정 일본의 장인 씨스템이 독일의 대학 씨스템을 만나 일본
대식

과학의 발전을 일구어냈다면, 우리나라는 선비문화가 그대로 대학문화로 이어졌어요. 조선시대에 관직에 진출하기 위해서는 장원급제도 해야 하지만 좋은 서원 출신일 필요가 있었잖아요. 이게 지금 우리나라의 학벌로 연결되는 거죠. 어느 대학 출신, 미국 박사라는 것 자체가 나쁜 건 아니에요. 공부로 끝장을 보면 문제가 없죠. 그런데 공부가 항상 더 높은 자리로 올라가기 위한 수단인 게 문제예요.

어떤 씨스템이든 장점이 있어요. 그런데 그 장점이 단점으로 바뀌면서 나라가 망하는 거예요. 로마는 바바리안들을 군대로 써먹으면서 강한 나라가 됐어요. 그런데 바바리안이 수적으로 너무 많아지면서 로마인들이 군대를 아예 그쪽에 넘겨주고 놀고먹어요. 그러면서 나라가 망하죠.

모든 문화는 장점과 단점이 크로스되는 지점이 있어요. 우리나라의 선비문화와 과거제도도 어느 시점부터인가 장점보다 단점이 많아졌어요. 그 순간 일본과 우리의 운명도 크로스가 된 거예요. 일본은 강해지고 우리는 약해진 거죠. 왜 일본에 노벨상이 많고 우리는 없냐? 한마디로 설명할 수 있어요. 우리나라 교수는 선비예요. 선비들은 공부를 통해서 더 높은 관직에 올라가려고 해요. 공부에 뜻을 둔 학자들도 나이가 들면 관직을 탐해요. 이런저런 정부 위원회의 위원장, 대학총장, 국회의원, 교육부장관, 총리를 꿈꾸죠. 독일이나 일본에서는 상상할 수 없는 일이에요. 웬 교수 출신 장관, 정치인이 그렇게 많아요. 교수가 훨씬 더 좋은 직업인데 왜 장관을 꿈꾸는지, 독일이나 일본에서는 이해를 못 해요. 그런데 우리나라는 그게 전통이에요. 선비문화가 그런 거니까요.

弟
두식　임금이 초야에 묻힌 학자를 발탁해 국정을 맡기는 전통이 있었죠. 훈구파를 견제하기 위해서 사림파를 등용한 건데 당사자에게는 임금에게 불려 가는 것 이상의 영예가 없었어요. 퇴계 이황 같은 분은 명종과 선조를 거치면서 무려 140여 차례나 임금의 청을 거절했다고 하잖아요. 거절하는 이유도 거의 예술 수준이에요. 기본적으로 "아프다"가 가장 많고, 상중이다, 관례에 맞지 않는다, 능력이 부족하다 등등. 그렇게 거절할 때마다 더 높은 관직을 내리니 이황 선생으로서도 손해 보는 장사는 아니었던 것 같고요. (웃음) 퇴계 선생 같은 행보를 '난진이퇴難進易退'라고 하죠. 정치에 나갈 때는 어렵게 생각하고 물러날 때는 쉽게 생각하라는 건데, 이런 태도에 대해서는 퇴계 당대에도 '도명기세盜名欺世' 즉 명성을 훔치고 세상을 속인다는 냉혹한 비판이 있었어요.

누구나 왕에게 발탁되기를 원하면서도 겉으로는 원치 않는다고 표정 관리하는 게 우리나라 학자들의 오랜 전통이었어요. 그런 전통이 워낙 뿌리 깊다보니 학자들의 DNA 속에 '그분의 부르심을 기다리는 성향'이 각인된 게 아닌가 싶기도 해요. 정운찬 전 국무총리의 어머님이 그러셨다면서요. "자네, 우리 집안에 정승이 3대째 끊긴 걸 아는가?" 인터넷 검색해보니 이걸 무슨 미담처럼 소개한 신문 칼럼도 있더군요. 정운찬 교수는 평생 어머니의 말씀에서 한치도 벗어나지 못하다가 나중에 총리 자리를 받아들인 건지도 몰라요.

명망 있는 과학자들 중에도 서울대총장, 교육부장관, 국무총리를 향해 뛰는 분이 적지 않더군요. 원래 문과에서는 경기고 수석 졸업, 서울대 수석 입학, 사법시험 수석 합격한 사람들이 장원급제의 전통을 이어갔어요. 적어도 국민정서적으로는 그런 측면이 있었죠. 그런데 과학 쪽도 비슷한 경력을 쌓아온 분들이 대표적인 학자로 오랫동안 거론되어왔어요. 경기고 수석 졸업, 서울대 수석 입학, 미국에서 박사학위 취득 후 서울대 교수가 된 분들은 인생의 중요한 국면마다 신문에 나오잖아요. 시험에는 당연히 선수들이고요. 역시 장원급제를 거듭한 분들이죠. 그런 분들을 소개한 신문기사를 보면 사법시험 수석 합격한 사람들과 기본 틀이 똑같아요. 스토리의 핵심에는 수석, 천재 같은 이야기가 자리 잡고 있죠. 물론 노벨상에 가장 근접한 학자라는 이야기도 빠지지 않고요. 과학자라고 해서 하나도 다를 게 없어요. 노벨상마저도 장원급제의 거의 마지막 목표처럼 보일 정도예요. 장원급제한 선비가 영의정을 꿈꾸는 것처럼 그런 과학자들이 인생의 후반부에 서울대총장, 장관, 총리를 꿈꾸는 것은 어쩌면 당연한 일일 수도 있어요. 주변에서도 그런 기대를 할 거고요. 형이 말하는 것처럼, 과학 분야까지도 장인 DNA가 아니라 장원급제 DNA를 가진 사람들이 장악하게 된 거죠.

兄 대식 문제는 정치를 하거나 장관을 하면서 사직을 안 하는 거예요. 자리를 내놓지 않고 휴직을 하거든요. 서울대는 휴직하는 분들이 점점 늘고 휴직기간도 길어지고 있어요. 심지어 10년 휴직하는 분도 곧 생길 겁니다. 그분에게는 좋은 일이죠. 장관급 자리도 챙기고 서울대 교수도 유지할 수 있으니까요. 그러나 그런 사람 때문에 공부할 의욕에 넘치는 젊은 학자 하나가 자리를 못 잡아요. 휴직하고 일하지 않아도 자리 하나를 잡아먹고 있는 거니까요.

그뿐인가요? 그런 사람을 용인함으로써 대학교수 사회가 정치화하는 문제가 생겨요. 과학자 하다가 장관이나 정치하러 떠난 사람 하나가 있으면, 그 사람처럼 되고 싶은 사람이 그뒤로 열명이 붙어요. 그 열명 밑에는 어떻게든 한자리라도 챙겨보려는 내시가 100명이 생기고, 그런 내시 100명이 만명의 학문 분위기를 흐리게 되죠. 누구도 학문에 올인하지 않는 거야! 비행기에서 공기가 조금씩 샌다고 생각해보세요. 조금씩 새니까 괜찮다고 말할 수 있습니까? 아무 조치 없이 계속 가다가는 다 죽는 거예요. 우리 학문도 마찬가지예요. 공부 잘해서 학자가 된 놈들이 연구는 안 하고 자기 커리어 관리만 하고 있어요. 비행기에서 공기가 새는 상황이죠. 목적지까지 가기 전에 비행기가 떨어져요. 여기서 목적지는 노벨상이 아니야. 노벨상은 폐지해도 그만

이야. 목적은 우리가 시작한 분야, 우리 거라고 얘기할 수 있는 분야, 세계 최고인 분야를 만드는 거예요.

弟
두식 사회과학의 경우에는 정치나 행정을 경험하는 게 공부에 도움이 될 수도 있기 때문에 무조건 나쁘게만 말할수는 없어요. 법학은 특히 그렇고요. 예를 들면 최근에 대법관 출신 몇분이 대학교수가 됐어요. 전직 대법관이 변호사 개업을 하면 상고사건에 자기 이름 집어넣는 것만으로도 건당 2천만원 이상을 벌 수 있는데 그걸 포기하고 교수직을 택한 분들이죠. 평생을 판사로 보낸 분들이라서 소송법 분야에서는 이들보다 나은 교수를 찾기란 불가능해요. 그런데도 교수들이 거부권을 행사하는 경우가 있어요. 학계와 실무가 분리된 상황에서 과거에는 극단적으로 얘기하면 평생 소송을 구경도 못 해본 사람이 법대에서 소송법을 가르치는 게 충분히 가능했거든요. 그런 분들일수록 대법관이 학교에 오는 걸 맹렬하게 반대해요. 당장 자기 밥그릇이 위협을 받으니까요.

법학처럼 현실과 밀접하게 연관된 학문에서는 학계와 실무의 적절한 교류가 반드시 필요해요. 미국에서도 로스쿨 교수 하다가 판사가 되는 경우도 있고, 검사 하다가 학장이 되는 경우도 있어요. 상호교류가 가능한 거죠. 다만 미국 연방대법관은 종신직이라 교수가 될 일은 없죠. 정치학 교수 하다가 국무부에 들어가서 실무를 하는 경우도 있어요. 실무를 하면서 '내가 말로만

장원급제한 선비가 영의정을 꿈꾸는 것처럼
그런 과학자들이 인생의 후반부에 장관, 총리를 꿈꾸는 것은
어쩌면 당연한 일일 수도 있어요.
과학 분야까지도 장인 DNA가 아니라
장원급제 DNA를 가진 사람들이 장악하게 된 거죠.

떠들던 것과 현실이 다르구나' 하고 깨달을 수도 있죠. 우리나라의 문제는 교수가 정치를 하면 바로 장관이나 국회의원으로 간다는 데 있어요. 행정부에 국장으로 가서 정치나 행정을 배우고 돌아온다면 학교에서도 휴직시켜줄 이유가 충분해요. 그 경험을 기초로 학생들을 더 잘 가르칠 수 있을 테니까요. 국립대 교수의 경우에는 어차피 나라에서 봉급 나가는 건 마찬가지니까, 그런 기회를 더 장려할 수도 있겠죠.

저도 사실 뛰어난 학자는 아니라서 이런 얘기하면서 많이 찔리는데요. 문제는 학자가 연구를 통해 자기실현을 하려고 하지 않고, 정치를 통해 자기실현을 하려는 데 있어요. 공부가 정치라는 최종 목표를 이루기 위한 수단이 된 거죠.

다행인지 불행인지 요즘은 논문표절에 관한 집요한 추적 때문에 학자들이 장관 되는 꿈을 많이 접었어요. 2000년대 초반까지만 해도 우리 학계에 논문표절에 대한 제대로 된 기준이 없었고, 자기 표절이나 외국 자료 인용에 대해서는 상당히 관대한 편이었어요. 그러다가 학자들이 아닌 기자들에 의해서 갑작스러운 표절 사냥이 시작됐죠. 표절의 경중에 대한 구별도 없이 일단 표절 낙인이 찍히면 명예에 치명적 타격을 입고 빠져나가기도 힘들어졌어요. 아주 오래전의 실수도 일단 문제가 되면 망신을 면치 못하죠. 정치한다는 이야기만 안 하면 굳이 그런 엄정한 잣대의 적용을 받을 일이 없으니 학자들이 예전처럼 무조건 장관을 꿈꾸지는 않게 되었어요. 그리고 보면 눈치 빠른 문과 쪽 학자들

이 이공계보다 빨리 장관 꿈을 접은 것 같기도 하네요. (웃음)

兄
대식 완전히 끝난 문제라고는 생각하지 않아요. DNA에 각인된 의지가 그렇게 쉽게 사라질 리 없다니까.

철밥그릇을
내려놓아야 할 때

弟
두식 이야기를 듣다보니 이런 의문이 생겨요. 자기 집을 짓는 게 중요한 건 분명해요. 그런데 예컨대 지방 국립대의 어떤 과학자가 연구에 목숨을 걸 각오로 거의 매일 밤 제자들과 함께 밤을 새워요. 그런데 세계적인 학술지에 논문을 낼 능력은 아직 없고, 연구를 위한 기자재도 충분하지 않아요. 그런 때는 어떻게 해야 하죠?

兄
대식 그 교수에게는 차마 못 할 이야기지만, 자기 집을 짓기 위해서는 개인적으로 더 매진하는 수밖에 없어요. 학교에서도 엄격하게 성과를 물으며 채찍질을 해야 하고요. 그 교수를 포함한 모든 교수가 자기 집을 짓는 걸 목표로 삼고 노력하는 과정에서 탈락자가 생기는 건 피할 수 없는 일이죠.

弟
두식 막 쪼면 결과가 나온다는 생각에는 동의하기 어려워요. 대학에서 이미 교수들을 충분히 쪼고 있거든요. 그러면 형식적인 성과가 나오기는 해요. 1년에 몇편씩 요구하니까 막 써내는 거죠. 법학을 예로 들자면 그런 경쟁에서는 외국 법제를 기계적으로 소개하는 교수들이 유리해요. 자기가 만들어놓은 기본 틀에다가 외국 법률만 바꿔가면서 논문을 생산하면 되니까요. 대체로 그런 교수들이 경쟁에서 1등을 하죠. 주변에서는 저건 논문도 아니라고 다들 욕하지만 어쨌든 점수는 똑같으니까 그걸 막을 도리는 없어요. 그런 1등 교수일수록 비문으로 가득 차 읽을 수도 없는 논문을 써요. 로스쿨 학생들과 논문 읽고 토론하는 수업을 진행할 때가 있는데 그럴 때면 제 낯이 다 뜨거워져요. 웬만한 출판사라면 절대로 책을 내주지 않을 수준의 글들인데 논문으로 버젓이 행세해요.

눈앞의 성과에 쫓기다보니 긴 호흡의 논문이 나오지 않고 단기 성과만 넘치는 것도 문제죠. 깊이 생각해서 의미있는 논문을 쓰려고 해도 당장 점수가 문제되니까 그럴 수가 없어요. 누구라도 빨리 정리하고 빨리 성과가 나오는 일에 집착하게 되죠. 학문을 좋아하는 사람들이 학자가 되고 자기가 하고 싶은 걸 연구해서 성과를 내야 해요. 사실 동료들끼리는 다 알아요. 누가 잘하고 누가 못하는지. 저는 우리나라 대학이 또래집단의 자연스러운 경쟁으로 좋은 성과를 낼 수 있는 수준에 와 있다고 생각해요. 여기서 더 쪼면 논문의 가면을 쓴 종이 쓰레기만 양산될 겁니다. 단기 실적에 따라 연봉을 달리하는 식으로 교수들을 채찍질해서 될 일이 아니에요. 세상에서 절대 억지로 못 시키는 게 공부잖아요. 말을 물가로는 데려갈 수 있어도 물을 억지로 먹일 수는 없는 것처럼요.

대식 이공계도 비슷한 문제가 있기는 해요. 채찍질하면 나온다고 한 거는 지금처럼 논문 하나 쓰면 천만원씩 주자는 식의 얘기가 아니에요. 우리나라에서는 조교수, 부교수, 정교수 승진제도가 그냥 형식이잖아요. 시간이 되면 어차피 다들 승진하니까요. 앞서 말씀드린 것처럼 일본이나 독일의 씨스템은 부교수까지는 대충 다 올라가지만 정교수를 뽑을 때는 엄격합니다. 부교수 다섯명 중에 한명만 정교수가 되는 식이죠. 거기다가 부교수 끝내고 정교수 될 때에는 무조건 자기 학교를 떠나도록 요구하는 학교도 많아요. 법으로 정한 것은 아니지만 보이지 않는 그런 관례가 있어요. 그렇게 하니까 독일은 완전히 평준화가 되었고 일본도 약간의 서열은 있지만 도쿄대, 교토대, 홋카이도대가 다 세요. 정교수가 되려면 다른 학교로 옮기도록 하기 때문에 다같이 좋은 학교가 된 거예요. 그걸 알기 때문에 도쿄대 출신이 나중에 도쿄대 교수를 하려면 다른 학교에 가서 조교수, 부교수를 해요. 실력 있는 사람들이 그렇게 흩어지니까 자연스럽게 동종교배의 부정적인 면도 해소가 되는 거죠. 교수들은 열심히 경쟁하고 학생들은 그런 교수들을 찾아 지방 국립대로 모여드니 대학이 상향 평준화돼요. 우리도 비슷한 방식으로 국립대를 평준화할 수 있습니다. 미국은 정년보장심사에서 3분의 1을 잘라내요. 그렇게 잘라야 새로운 사람을 뽑을 수 있습니다. 우리는 유럽과 미국 제도의 단점만을 베껴서 교수 철밥통을 아주 사악하게 만들어낸 겁니다.

弟
두식 해고자유의 원칙이 지배하는 미국은 사람을 마구 자르는 대신에 잘린 사람이 비교적 쉽게 새 직장을 구할 수 있잖아요. 한번 잘리면 비슷한 직종에서 일자리를 구하기 어려운 우리나라하고는 많이 다르죠. 미국은 그렇게 정년보장심사에서 탈락해도 그보다 조금 낮은 대학에 새로 취직할 수가 있어요. 이름난 큰 대학들은 연구중심인 학교들이 많은데, 거기서 밀려난 분들은 교육중심인 작은 학교에서 나름대로 행복하게 교수생활을 해요. 우리는 그런 길이 없어요. 그런 상황에서 무조건 자르기만 한다고 해서 대학이 좋아질 수는 없죠. 독일은 여러개의 분리된 공국들이 비스마르크 때에 이르러 뒤늦게 통일이 된 나라예요. 그 공국들마다 좋은 대학교가 있었기 때문에 학교 간 서열을 정하기 어렵죠. 독일의 평준화를 이야기할 때는 그런 측면도 무시할 수 없어요. 서울대에서 부교수 하던 사람을 정교수 될 때 경북대 가라고 할 수 있을지도 문제고.

兄
대식 독일 대학은 대부분 성당 옆에 있어요. 대공소이 있는 곳마다 공국principality이 존재하고 그곳에 대주교도 있었기 때문에 바로 그 자리에 대학이 생긴 거예요. 인구가 10만명 정도 되는 도시마다 대학이 생겼고 지방분권도 이루어졌던 거죠. 지방분권이 되어 있어서 지역마다 좋은 대학이 생겼다고 볼 수 있지만, 좋은 대학이 지방분권에 기여했다고 볼 수도 있어요. 일본도 막부체제에서 지방분권이 상당히 잘된 나라였고요. 그런 문화적 차이 때문에 일본이나 독일 얘기를 무조건 우리나라에 가져다 붙일 수는 없죠.

그러나 그렇다고 지금 상태대로 그냥 놓아두자는 건 너무 쉬운 길을 선택하는 거예요. 동생의 생각대로라면 일본, 독일, 미국처럼 교수를 막 자르는 환경에서는 단기 성과만 나오고 쓰레기만 쌓이고 창의적인 결과는 없어야 하잖아요. 하지만 우리나라랑 비교해봐요. 어디서 성과가 나오고 있나? 이건 뼈를 깎는 과정이에요. 그 나라들이라고 자르고 싶어서 교수들을 잘랐겠냐고? 질적인 우수성을 유지하기 위해서는 그 방법밖에 없으니까 그렇게 한 거예요. 그걸 무서워하면 안 돼. 누군가는 대승적으로 생각하고 새로운 틀을 짜야 해. 가야 하는 길이 분명하다면 힘들어도 가야죠.

弟
두식

그렇게 밀어붙이는 과정에서 생기는 윤리적인 문제도 있어요. 지금 학교를 움직이는 사람들 대부분은 헐렁한 대학 씨스템에서 논문도 별로 안 쓰고 정교수가 됐어요. 학교에서 보직을 맡은 사람일수록 일찍이 공부에서 손을 놓았을 테니 논문은 더 적죠. 그런 사람들이 칼자루를 쥐고 젊은 교수들을 마구 쪼고 있어요. 기준을 막 올리는 거야. 자기들에게는 적용되지 않으니까. 자기들은 누릴 걸 다 누린 상태에서 젊은 교수들만 쪼는 게 웃기지 않나요. 연구를 제일 안 해본 사람들이 높은 자리에 앉아 규칙을 만드는 것도 문제고요.

누군가에게 불리한 규정을 만들 때는 반드시 소급효금지의 원칙을 검토할 필요가 있는데, 요즘 대학들에서는 그런 생각을 전혀 안 해요. 예컨대 4년 동안 논문 여덟편을 쓰면 조교수에서 부교수로 승진하는 학교가 있다고 쳐요. 그 학교 조교수는 당연히 4년 동안 여덟편 쓰는 걸 목표로 살겠죠. 그런데 4년째 된 어느 날 갑자기 그걸 열편으로 올리는 거예요. 학교에 따라서는 승진심사를 불과 2~3개월 앞두고 규정을 바꾸기도 해요. 갑자기 불의의 타격을 받은 교수는 허겁지겁 논문 두편을 더 써야 해요. 그걸 못 해내면 망신당하는 거고요. 이런 일을 당하는 사람들이 대체로 힘없는 젊은 교수들이라 어쩔 수 없이 입을 다물어요. 쪼는 데도 원칙이 있어야 하는데 그게 없는 거예요. 진짜 나쁜 사람들이죠. 이런 불이익을 감수하면서 요즘 교수들이 전반적으로 훨씬 열심히 살고 있는 건 분명한 사실이에요.

兀
대식   소급효금지의 원칙을 위반해서 기준을 올리고 그걸 못 맞췄다고 해서 잘린 교수가 있나 하면 그건 또 없어요.

교수들이 열심히 살고 있다는 말을 액면 그대로 믿으면 안 돼. 그렇게 얘기하는 게 자기들한테 도움이 돼서 그런 것뿐이에요. 교수 해먹기 편하다고 하면 위에서 바로 구조조정 들어올 테니까. 어쨌든 어떤 이유로든 피할 수 있는 길이 아니에요.

그래서 이런 방법을 생각해볼 수 있어요. 부교수 끝날 즈음에 교수들 임금을 동결하는 거예요. 그리고 정말 엄정한 심사에 의해서 다섯명 중 한명만 정교수로 올리는 거죠. 심사는 동료들이 엄정하게 하는 거야. 그건 어쩔 수 없어요. 동료들이 모두 나쁜 놈들만 모여 있다고 해도 할 수 없어요. 무조건 결과를 받아들여야 해요. 논문 몇편이냐 그런 걸로 자르는 게 아니라 주관적이면서도 무서운 평가를 하는 거야. 그걸 통과 못 하는 부교수는 거기서 끝나는 거예요. 끝난다고 해서 학교에서 잘리는 건 아니에요. 그냥 부교수로 평생 가는 거야. 월급도 조금 받고 연구실도 작은 걸 쓰고 연구비도 없고 대학원생도 적지만 부교수로 교수생활은 계속하는 거죠.

동료들이 하는 엄정한 심사의 통과 여부에 따라 인생이 갈리는 게 독일 씨스템이에요. 미국은 정년보장을 못 받으면 바로 학교를 나가야 하는데, 독일은 그렇지 않아요. 창피하기는 해도 교수 직업은 계속 유지하게 해줘요. 망가진 인생, 부서진 인생이지만 교수로 사는 거야. 물론 그 나라라고 나쁜 얘기가 왜 없겠어요. 저놈은 아부해서 교수 올라갔고, 집안이 좋아서 쉽게 정교수가 됐고, 그런 얘기들 다 해요. 인간사회에 그런 면은 어쩔 수 없는 거예요. 크게 봐서 필요하기 때문에 밀고 가는 거지.

제가 벨 연구소에 있을 때부터 분야가 같아서 알고 지낸 독일인 친구가 있어요. 30년 지기야. 독일로 돌아가서 교수가 된 개는 늘 이렇게 말했어요. "대식아, 내가 앞으로 정교수가 되면 이런 연구도 하고, 저런 실험도 하고…" 그만큼 정교수가 되고 싶었던 거예요. 이제는 더이상 그런 얘기를 안 해요. 정교수가 못 됐거든. 앞으로도 될 가능성 없이 그냥 부교수로 사는 거예요. 정교수가 못 된 데는 여러가지 이유가 있어요. 당연히 권력은 정교수에게 있어요. 그가 시키는 대로 하면서 살아야죠. 그러나 동시에 독립적으로 자기 연구도 해야 해요. 자기 집을 지어야 하니까. 그 균형을 못 맞추면 정교수가 못 되는 거야. 일본, 독일, 미국 대학에는 그런 시체들이 길거리에 즐비해. 그런데 우리는 그런 시체를 안 남기면서 좋은 결과를 내겠다고 해. 그게 모순이에요. 이미 결론이 난 얘기예요. 100년 동안 시체를 하나도 안 남기려고 노력했다, 그랬더니 안 되더라.

특권을 누리는 사람들에게
엄격한 잣대를

弟
두식
근본적으로 시체가 즐비한 세상이 살기 좋은 세상은 아니잖아요. 다섯명 중에 한명만 살고 네명이 시체가 되는 씨스템이 과연 최선이냐는 문제도 있고.

兄
대 식 시체는 아니지. 다들 꼼지락대면서 살아가고는 있으니까. 독일이 굉장히 좌파적인 나라인데도 그런 씨스템을 선택한 데는 이유가 있는 거예요. 심지어 어떤 독일 친구는 애도 낳지 않았어! 정교수가 되려고! 그런데 그래도 안 돼서 55세 되어 포기하고 그냥 살아요. 교수는 교수지만 정교수가 아니지. 그런데 굉장히 재미있는 게, 누가 진짜 정교수인지는 계약서에만 써 있어요. 그래도 내부에서는 다 알아요. 누가 진짜 정교수인지 아닌지. 누가 큰 그룹을 이끌고 있는지. 거기에 수십년의 눈물이 감춰져 있는 거예요.

우리도 우리나라에 맞는 씨스템을 찾아야 해요. 그걸 빨리 찾아서 세계 수준으로 가야 해요. 아니면 브라질, 아르헨티나처럼 되는 거예요. 저는 방법이 있다고 봐요. 우리나라에서 세계 수준으로 간 게 뭐가 있나? 딱 하나, 대기업이 있어요. 우리 대기업이 어떤 씨스템이냐 하면 독일, 일본의 대학과 같아요. 센 놈만 올라가는 정말 잔인한 씨스템이야. 누가 센 놈인지는 여러 정의가 있을 수 있어요. 일을 잘하든 술을 잘 마시든 어쨌든 기업에 필요한 사람이 센 놈이에요. 물론 100퍼센트 일 잘하는 사람만 잘되지는 않을 거예요. 아부하는 놈도 있고, 부하들을 착취하는 놈도 있겠죠. 그러나 어쨌든 삼성에서 디램을 세계 최고로 만들면 자기 인생이 바뀌어요. 돈도 벌고 지위도 올라가요. 열명 중에 한명만 올라가는 씨스템이지만 그런다고 사람들이 삼성에 안 가요? 대학도 그래요. 다섯명 중에 한명만 정교수가 된다고 해도 그걸 하겠다고 우수한 자원들이 몰릴 거예요.

弟
두식 신자유주의 전도사를 만나서 이야기를 듣는 것 같아요. (웃음) 해고자유의 원칙이 미국을 지배한다면 일본이나 우리나라는 오랜 세월 평생고용이 보장되는 나라였어요. 법적으로도 해고에는 반드시 정당한 이유가 요구됐죠. 현실적으로야 마음에 안 드는 사원을 막 자르는 일이 비일비재했지만 어쨌든 법적으로는 일단 직원이 되면 정년까지 같이 가는 게 원칙이었어요. 일본도 우리나라도 그렇게 평생고용이 보장된 상태에서 경제발전을 이룩했어요. 지금처럼 막 쪼는 씨스템이 아니고요.

경쟁을 무시할 수는 없지만 저는 안정성이 보장되는 상태에서 더 질 좋은 결과물이 나올 수 있다고 믿어요. 불안과 공포 속에서 만드는 자동차와 편안하고 안정적인 환경에서 만든 자동차가 있을 때 저는 후자 쪽을 사고 싶거든요. 1990년대 후반부터 평생고용, 정당한 해고 원칙이 무너지고 경쟁이 격화되었는데, 그 이후에 우리 생산성이 얼마나 높아졌는지도 의문이에요. 행복지수가 거의 세계 최하위 수준인 것도 잊으면 안 되죠.

兀
대식 노동시장 전체에서 뭘 어쩌자는 얘기는 아니에요. 나는 대학과 교수사회를 이야기하는 거예요. 아까 말씀드린 일본이나 독일 씨스템을 대학에서 일부 받아들이자는 겁니다. 대한민국의 모든 분야가 그래야 한다는 얘기가 아니고요. 우리나라에서 교수 직업은 엄청난 특권을 누리잖아요. 월급은 많지 않아도 어디 가나 좋은 대접을 받고 과분한 존경을 받죠. 그런 사람들에 대해서는 더 엄격한 기준이 적용되어야 한다는 거야. 그런 점에서는 동생의 주장과 크게 다르지 않을 거예요.

弟
두식

교수사회에 개혁이 필요하다는 데 토를 달 사람은 없겠죠. 문제는 방법이에요. 최근 몇년째 대학에 대한 아주 천박한 이해 수준을 가진 사람들이 이른바 '선진화'의 기치를 내걸고 마치 점령군처럼 대학에 개입하고 있습니다. 예를 들면 지금 교육부는 총장직선제를 무슨 절대적인 악처럼 생각해요. 총장직선제를 폐지하지 않으면 교육부가 직접 구조조정에 나서겠다는 식이죠. 처음에는 총장직선제 폐지가 대학 개혁의 수단인 것 같더니, 이제는 오히려 그게 목표가 된 것 같아요.

물론 총장직선제가 지닌 문제가 있어요. 선거과정에서 파벌이 형성되고 총장 후보가 거의 모든 교수에게 허리를 굽히고 밥을 사야 하는 부작용이 있었죠. 당선된 후에도 총장이 교수들 눈치 보느라 과감한 개혁이 어려웠고요. 그런 부작용은 최소화하면서도 교수들의 의지를 반영할 수 있는 일종의 간선제 방식이 교수사회 내부에서 논의되고 있습니다. 하지만 교육부는 이런

우리나라에서 교수 직업은 엄청난 특권을 누리잖아요.
그런 사람들에 대해서는 더 엄격한 기준이 적용되어야 한다는 거야.
그런 점에서는 동생의 주장과 크게 다르지 않을 거예요.

논의를 다 무시하고 어떤 형태로든 선거는 무조건 안 된다는 거예요. 자기들이 마음대로 총장을 임명하겠다는 거죠. 학장들은 총장이 마음대로 임명하고.

들어보면 그쪽 논리도 일리가 있는 것 같다고 생각되겠지만 현실은 그렇지 않아요. 막상 우리 학교에서 학장직선제를 폐지하고 나서 무슨 일이 생겼는지 아세요? 학교가 완전히 '왕비열전' 비슷한 궁중야사 분위기로 바뀌는 거야. 선거는 잡음이 있든 없든 가장 많은 표를 얻은 사람이 정당성을 확보합니다. 선거과정을 통해서 대학이나 단과대가 나아갈 방향이 결정되기도 해요. 공론의 장이 형성되는 거죠. 그런데 총장이 학장들을 임명하는 상황에서는 그런 게 전혀 없어요. 어떻게든 총장의 낙점을 받으려는 사람들이 줄을 설 뿐이에요. 만약 선거를 했다면 자기 표말고는 한두 표도 얻기 어려웠을 사람들이 일제히 총장에게 달려가요. 그래서 공론의 장은 없고 어제 누가 총장을 만나서 거래를 했다더라 하는 식의 뒷소문만 난무해요. 그 뒷소문이 사실인지도 알 수 없어요. 그렇게 임명된 학장이 엉터리로 학사 운영을 하면 그 부담은 고스란히 총장에게 돌아가요. 처음에는 자기 권한이 세지는 것인 줄 알고 마음대로 학장을 임명했던 총장도 몇 년이 흐른 뒤에는 단과대 눈치를 봐요. 뒤늦게 자기 잘못을 깨닫는 거죠.

총장 임명은 다를 것 같은가요? 똑같아요. 선거였다면 총장될 가능성이 없는 사람들, 정치력은 없으면서 욕심만 넘치는 사람들이 교육부로 달려가요. 교육부의 힘은 강해지겠지만 대학은 더 엉망이 되는 거예요. 근본적으로 연구를 해본 적 없는 관료들이 대학을 좌지우지하는 게 문제죠. 그런 관료들에게 낙점받는 사람들은 선거에 의해 당선되는 사람보다 훨씬 악질의 정치꾼일 개연성이 큽니다. 정치꾼은 정치꾼인데 사람 마음을 살자신 없는 사람들이 제 세상을 만나는 거죠. 너무 조급하지 않게 내부 의견을 충분히 수렴한 개혁이 필요하다는 게 제 생각입니다.

兄 대식 그런 면에서는 차라리 직선제가 낫겠군. 그래서 빨리 한국에 맞는 씨스템을 찾아야 해요. 충분한 내부수렴을 한다며 한없이 세월을 보낼 수는 없어요. 얘기하다보면 동생은 현실문제를 잘 지적하고 충분한 의견수렴을 주장하는데, 구체적이고 과감한 대안을 내놓는 법이 없어.

弟 두식 그러게. 저도 그게 제 한계라고 생각해요. 겁이 많아서 그런가 싶기도 하고. (웃음) 오늘은 국내 박사를 교수로 채용하고 학문적으로 자기 집을 지어야 한다는 점에서 형제가 의견 일치를 보았고, 교수들을 압박해 실적을 올려야 한다는 점에서는 이견이 좀 있었어요. 한가지 의문이 더 있는데요. 공부잘한 이과 학생들이 의대로 몰린다고 걱정하는 자연대 교수들을 형이 비판했잖아요. 그런 걱정은 어쩌면 당연한 것 아닌가

요? 다음 시간에는 '공부 잘하는 사람이 과학(넓게는 학문)을 해야 한다'는 통념에 대해 이야기를 나눠봤으면 좋겠습니다. 장인 DNA와 장원급제 DNA의 차이도 어쩌면 거기서 비롯된다고 볼 수 있으니까요. '공부 잘한다'는 게 뭔가, 단순히 시험 잘 보는 것을 의미하는가, 학벌이 이렇게 어린 나이에 결정되는 것은 합리적인가, 같은 문제도 얘기해야겠죠.

대식   그거라면 할 얘기가 많지. 경기고 세대, 과학고 얘기도 해야 하고. 우리가 등산하면서 많이 나눈 얘기잖아.

6장

장원급제 DNA, 장인 DNA

평생 수석의
공허한 눈빛

弟
두식 딱딱한 이야기를 계속한 것 같아서 오늘은 좀 가볍게
시작해볼게요. 어렸을 때 뭐가 잘못됐는지 저는 소변
조절에 문제가 좀 있었어요. 특히 영화관에서 긴장되는 장면이
계속되면 오줌이 막 마려웠어요. 1시간 40분까지는 겨우 참을
수 있는데 그게 넘어가면 버티지를 못하고 중간에 잠깐 화장실
에 갔다가 다시 들어와야 했죠. 저랑 가까운 사람 몇명만 아는
비밀이에요. 그게 스트레스가 되다보니 영화관에 가면 꼭 미리
화장실을 가야 했어요. 고속버스를 타기 전에는 하루 종일 물을
마시지 않았고, 예배시간이 아주 긴 선교단체 활동을 할 때는 기
도할 때 슬쩍 나갔다 들어와야 했죠.

나중에 법학 말고 다른 분야의 대표적인 원로학자와 함께 시간을 보낼 기회가 있었는데 그분도 비슷했어요. 틈만 나면 화장실을 가시더라고요. 근데 그걸 감추려고 이런저런 이유를 붙이시고. 저는 사실 그분 보고 안심했어요. 나만 그런 건 아니구나! (웃음)

그런데 몇 년 전 형하고 등산을 하는데, 형이 갑자기 가방에서 플라스틱 통을 꺼내더군요. 반투명인 통에는 매직펜 같은 걸로 중간중간 100cc, 200cc, 300cc 하는 눈금이 그려져 있었어요. 그게 뭐냐고 물었더니 소변량을 측정하고 있다는 거예요. 깜짝 놀랐죠. 황당하잖아요. 등산 가방 속에 플라스틱 소변통을 들고 다니는 대학교수! 형은 그날 저에게 화장실에 자주 가는 문제를 처음 고백했어요. 형제가 비슷한 문제를 가지고 있으면서도 평생 몰랐던 거예요. 얘기를 나눠본 적도 없었고요.

형이 한다는 실험이 정말 재미있었어요. 성인 남성의 방광 크기가 300cc 정도 된대요. 자주 화장실을 가는 사람들은 실제로 그 양이 다 차지를 않아도 요의를 느끼는 경우가 대부분이고요. 몸에 문제가 생겼다기보다는 심리적인 문제인 거죠. 그래서 자기 소변량을 측정하기로 했다는 얘기였어요. 요의를 느껴서 오줌을 누었더니 양이 200cc밖에 안 되었다면 다음에는 좀 더 참아보고, 학교에서도 재고, 집에서도 재고, 등산 갈 때도 재고, 눈으로 직접 확인하면서 화장실 가는 시간 간격을 늘려간 거예요. 정말 깜짝 놀랐어요.

兄
대식 그게 뭐 놀랄 일인가? 처음에는 제가 300cc를 목표로 실험을 시작했는데, 계속하다보니 500cc가 될 때까지도 참을 수 있더라고요. 다섯시간, 여섯시간씩 화장실에 안 가도 아무 문제가 없었어요. 이 실험을 통해서 저는 소변 조절 문제를 극복할 수 있었어요. 참을 수 없는 요의를 느꼈다고 해도 내 방광이 남들보다 특별히 작지 않은 이상 100cc 정도를 더 참아낼 수 있다는 걸 실험으로 증명한 거죠. 요의를 느끼는 게 심리적인 문제인 것도 확인했고.

弟
두식 요의를 느끼는 게 심리적인 문제인 건 당연히 저도 짐작하고 있었어요. 그런데 그걸 알면서도 갑자기 소변이 마려우면 누구라도 어쩔 수 없는 거잖아요. 화장실 가야 한다는 공포가 마음에 들어오면 더 급해지죠. 제가 놀란 건 자기 오줌을 직접 재보기로 한 형의 실험정신이었어요. 아무나 할 수 있는 일이 아니니까요. 뭐랄까 굉장히 이과적인 문제 해결방식이라는 생각이 들었거든요.

웃기게도 다섯시간씩 화장실에 안 가도 끄떡없다는 형의 이야기를 듣자마자 저의 소변문제는 바로 해결되었어요. 갑자기 소변이 마려울 때 '그래봐야 200cc, 최대한 250cc다. 300cc까지는 버틸 수 있다'고 생각하며 몇번 넘어가니 정말 아무렇지도 않더라고요. 영화관에서 1시간 40분이 되어 막 화장실에 가고 싶어도 '50cc는 더 남았어' 생각하면 곧 두려움이 찾아들었어요. 그렇게 영화 끝나고 나오면 한두시간 더 괜찮을 때도 많고요. 그뒤에는 저도 다섯시간씩 화장실에 가지 않을 수 있게 됐어요. 머리로 이해하는 거랑 플라스틱 소변통을 직접 눈으로 확인한 건 느낌이 다르더라고요. 뭔가에 꽂히면 끝까지 밀어붙여야 직성이 풀리는 형의 스타일을 잘 보여주는 사건이었고, 저도 그 덕을 본 거죠. 자연과학도의 힘이 아닌가 싶기도 해요. 형이 어렸을 때 설탕물이 맛있다고 욕조에 설탕 한 부대를 다 부어버린 사건은 우리 집에서 꽤 유명하거든요. 어릴 때부터 저랑은 많이 달랐어요.

兄 대식 그 얘기는 함께 살던 우리 이모가 만들어낸 신화일 거야. 다 믿으면 안 돼. (웃음) 이게 꼭 이과적인 해결방식인지는 잘 모르겠어요. 그보다는 장인정신과 연결시켜보고 싶네요. 제가 장인정신이 있다는 얘기를 하는 건 아니고, 특정 인물을 공격하려는 것도 아닙니다. 다만 '꽂히는' 게 너무 없는 교수가 많은 건 사실입니다. '평생토록 전과목에서 100점만 맞은 사람인데 어쩌면 저렇게 호기심이 없을 수 있나?' 그런 생각을 하게 만드는 분들이죠. 어쩌면 그게 장인 DNA와 장원급제 DNA의 차이일 수 있어요. 전혀 꽂히는 게 없는데 100점만 계속 맞아온 사람은 전형적으로 장원급제 DNA만 있는 사람이에요. 서울대에 있다보면 무슨 수석, 어디 수석 이런 타이틀을 달고 다니는 분들이 많은데, 전부 그런 것은 아니지만 그중의 상당수가

황당하잖아요. 등산 가방 속에
플라스틱 소변통을 들고 다니는 대학교수!

이 실험을 통해 참을 수 없는 요의를 느꼈다고 해도
내 방광이 남들보다 특별히 작지 않은 이상
100cc 정도를 더 참아낼 수 있다는 걸 실험으로 증명한 거죠.

호기심 제로인 사람들입니다. 그런 분들이 교수를 한다는 게 놀라운 일이죠.

호기심은 일상에서 나와요. 예를 들면 (테이블 위의 컵을 가리키며) 중력이 아래에서 잡아당기는데 왜 이 컵은 테이블 속을 파고들어가지 않을까요? 물리에서는 항력 때문이라고 설명하는데 사실은 테이블의 원자와 컵의 원자가 키스하고 있는 거예요. 나노미터까지 가보면 어쩌면 이 컵은 테이블 속으로 파고들어갔다고도 볼 수 있죠. 이런 얘기를 꺼내면 평생 수석, 1등을 계속한 분들의 공허한 눈빛과 마주치게 됩니다. '이 사람은 왜 이런 이상한 이야기를 할까? 시험에도 안 나오는 문제를 놓고 왜 고민하는 거지?' 하는 눈빛입니다. 과학자라는 사람들이 이래요. 뭔가 많이 잘못된 거죠. 그런데 그 공허한 눈빛은 어떤 의미에서는 우리 상황에서 최적화된 결과물이에요. 여러 시험을 통과해서 최종적으로 영의정에 올라야 하는데, 그런 식의 질문은 전혀 도움이 되지를 않거든요. 그런 불필요한 질문에 쏠 에너지가 없는 거죠. 그런 불필요한 에너지를 아끼면서 사는 게 어쩌면 장원급제 DNA의 핵심일 수도 있고요. 그렇게 최적화된 사람들이 장인들의 몫까지 뺏어 가고 있는 겁니다. 과학자는 그래서는 안 되는데 말이죠.

🔵
두식

형이 어려서부터 그런 이상한 질문을 던지면 매번 귀찮아했던 게 바로 저예요. 그러고 보면 저야말로 장원급제 DNA를 지닌 사람인 것 같아요. 고등학교 1학년을 마칠 때 제가 우리 학교 600명 중에서 1등을 했어요. 그럭저럭 공부를 잘 했지만 그전까지는 전교 1등이 쉽지 않았어요. 체육, 교련 점수 가 낮은 게 늘 문제였죠. 그런데 고1 때 교련선생님이 저를 무척 아끼셨어요. 처음에는 교련시간에 반장이 비실비실 웃는다고 그분한테 여러번 얻어맞았어요. 얼마 후 기독학생반장을 맡게 됐는데, 알고 보니 그 교련선생님이 기독학생반 담당교사였죠. 제가 기독학생인 걸 알고는 저를 '스마일 보이'라고 부르면서 좋아하셨어요. 비실비실 웃는 애에서 스마일 보이로 바뀐 거죠. 저의 총검술 자세는 영원히 개선될 수 없는 엉터리였는데도 그 때 딱 한번 '수'를 맞았어요. 그러니까 바로 전교 1등이 되더군 요. 워낙 천재여서 늘 1등 하는 분들도 있지만 대부분의 1등이 어떻게 결정되는지를 보여주는 예라고 생각해요.

운도 작용했지만, 다른 측면도 있어요. 지금도 그럴 테지만 그 때도 성적을 종합할 때는 등급이 적용됐어요. 제가 아마 전과목 1등급을 맞았을 텐데, 진짜로 실력이 좋아서가 아니라 대부분 아슬아슬하게 1등급을 맞은 것이었어요. 저공비행에 성공한 거 죠. 저는 근본적으로 끝까지 밀어붙이는 힘이 없었어요. 단기 기 억력으로 당일치기에서 승리했을 뿐인데, 대부분의 1등 또는 장 원급제가 원래 그런 게 아닌가 싶기도 해요.

사법시험도 비슷해요. 과락제도가 있으니까요. 합산해서 총 점으로 전체 수석이라 하더라도 한 과목이 40점 이하면 무조건 떨어지는 거죠. 고등학교 때 전교 1등 한 것과 비슷하게 저는 운이 작용한데다가 망한 과목 하나가 아슬아슬하게 과락을 면해서 상당히 좋은 점수로 사법시험을 통과했어요. 호기심을 갖고 계속 질문을 던지거나 한 문제를 오래 붙잡고 고민하는 사람은 이런 시험에서 매우 불리합니다. 모든 걸 고루 잘해야 장원급제를 할 수 있어요. 저는 거기 잘 맞았던 거고요. 그래서 형이 장원급제 DNA 이야기를 할 때마다 좀 찔리면서 제 얘기라고 받아들이고 있어요. 그래도 저는 단 한번도 과학자 같은 건 꿈꾼 적이 없잖아요. 그러니 좀 봐줬으면 좋겠어요. (웃음)

兄
대식 문제는 커리어리즘careerism이에요. 자기 커리어를 하나하나 높여가는 것이 인생의 유일한 목적인 커리어리스트careerist들이 너무 많아요. 그런 사람들이 과학 분야도 장악해서 모든 걸 좌지우지하고 있어요. 그런 커리어리스트들이 퍼뜨리는 거짓말이 뭔지 아세요? 예전에는 수석 한 학생들이 물리학과를 왔는데 지금은 의대를 간다는 거야. 그래서 기초과학이 위기라고 하죠. 저는 이공계 위기론 자체가 허구라고 생각해요.

10대 청소년이 아니라, 30대 교수를 쥐어짜라

弟 두식 지난번부터 묻고 싶었던 건데, 우수한 학생들이 의대로만 몰리는 현상 자체는 큰 문제 아닌가요? 요즘 서울대 자연과학대나 공과대가 예전보다 훨씬 진학하기 쉬운 학교가 된 것도 사실이고요. 저는 얼마 전까지만 해도 서울대 자연대나 공대 입학시험에서 그렇게 많은 공석이 생기는지 몰랐어요. 다른 학교 의대에 합격하면 서울대를 포기하고 빠져나가는 학생들이 정말 많더군요. 교수들이 위기의식을 느끼는 것도 이해가 가기는 하던데.

兄 대식 1990년대 말부터 이공계 위기론이 퍼지기 시작했어요. 여러가지 논거를 대지만 교수들이 가장 위기를 느낀 건 수석 한 학생들이 자연대가 아니라 의대를 가기 시작했다는 거예요. 왜 그러냐? 이공계가 제대로 대접을 못 받기 때문에 학생들이 기피하는 거다, 그러니 우리에게 더 잘해달라, 뭐 이런 논리였어요. 요즘도 여전히 유통되는 이공계 위기론 역시 그때와 본질적으로 다른 게 없습니다.

이런 이공계 위기론에 대해서는 근원적인 질문을 던져봐야 해요. '전국 수석 하고 전교 1등 한 애들이 진짜 좋은 과학자나 공학자가 되는가?' 누구나 당연하게 받아들이지만 실상 한번도 증명된 적이 없는 명제예요. 만약 전국 수석 하고 전교 1등 한 애들이 정말로 좋은 과학자나 공학자가 되는 거라면 우리나라만큼 과학에서 유리한 나라가 어디 있어요? 수십년 동안 그런 사람들이 과학자가 됐잖아요. 그런데 왜 이 모양인지를 생각해봐야죠.

이공계 위기론의 핵심에는 두려움이 자리 잡고 있어요. 과학의 미래를 걱정해서 생긴 두려움이 아니에요. 교수들이 자기 명예를 걱정해서 생긴 두려움이에요. 옛날에 서울대 이공계라고 하면 주변 사람들이 알아서 전교 수석으로 받아들였어요. 지금은 그게 아니게 되어 안타까운 거예요. 1등 못 한 애들이 들어오니까 교수들 자신에 대한 주변의 평가도 떨어질까봐 걱정하는 거죠. 이공계든 문과든 요즘 취업난으로 힘든 건 다 마찬가지예요. 전교 1등 한 애들이 오지 않으면 연구력이 떨어진다는 것도 웃기는 얘기고요.

弟
두식   그래도 현실적으로는 이런 면이 있어요. 예컨대 제가 대학 갈 때 우리 학교 이과 1등은 서울대 물리학과를 갔어요. 공부도 잘했고 서울대에서 박사를 했는데 그냥 대기업 연구소에서 평범한 과학자로 일해요. 서울대 공대를 간 다른 친구들 중에는 벤처열풍에 휩싸여 반짝했다가 그 이후에는 소식이 들리지 않는 경우가 많아요. 동창회에 가면 제일 목소리가 큰 이과 출신은 역시 의사들이에요. 나이 들수록 목소리가 커져요. 동창회에 돈도 팍팍 내놓고 술도 사고 재미있는 이야기도 많이 풀어놓으니까요. 훨씬 폼 나는 삶을 살고 있는 거죠. 이런 경험들이 누적되면서 결국 전국 모든 의대 합격자가 결정된 이후에야 서울대 자연대나 공대 합격자가 결정되는 상황이 오지 않았을까 싶어요.

兄 대식   어디든 다른 대학 의대에 가는 게 서울대 물리학과에 가는 것보다 훨씬 낫다고 생각하면 당연히 그리 가야죠. 하나도 이상할 것 없어요. 그러나 서울대 교수들이 호들갑을 떠는 것처럼 전교 1등들이 의대에 갔기 때문에 우리나라 연구력이 떨어진 게 아니에요. 연구력이 과연 무엇인지에 대해서 한번도 생각해본 적이 없는 사람들이라서 쉽게 그런 결론을 내리는 것뿐이에요. 이공계 위기라는 말이 국제적인 경쟁력이나 연구 실적처럼 증명 가능한 지표에서 나온 얘기가 아니에요. 그냥 막 던지는 거예요.

弟 두식   현실적으로 예전 학생들보다 수학문제를 잘 풀지 못한다든지 하는 문제도 있지 않나요? 영어 논문을 읽더라도 고등학교 때 공부 잘한 애들이 더 빨리 따라올 수도 있고요. 교수들 입장에서는 그게 답답할 수 있을 텐데요.

兄
대식 그 얘기는 저만 빼고 모든 교수들이 다 하죠. 국내 박사로서 노벨상을 받아야 한다는 원칙에 동의하는 비교적 깬 친구들도 그런 얘기들을 해요. "예전보다 연구비도 늘어나고 좋은 기계도 많아져서 과거처럼 우수한 학생들만 온다면 우리가 치고 나갈 수 있을 텐데…" "예전 학생들은 전교 1등 하고 물리학과 와서 정열이 넘쳤지만 지금처럼 기회가 많지 않았다. 그런데 요즘은 어디서 거지 같은 애들이 들어와서 펑펑 놀면서 연구를 망친다." 실제로 예전보다 연구환경이 좋아진 건 사실이에요. 어떤 친구들 입장에서는 이런 변화가 억울할 수도 있겠죠.

하지만 저는 그런 생각에 동의하지 않아요. 일단 그런 생각은 우리나라 입시제도에 대한 완벽한 신뢰를 바탕으로 해요. 입시에서 1등은 연구도 당연히 잘하게 되어 있다는 거죠. 등수가 만들어낸 신분을 그대로 받아들인 거예요. 1등부터 50만등까지를 한줄로 세운 다음 거기서 조금 뒤에 있는 학생이 물리학과에 온다고 해서 이공계 위기라고 떠들어요. 평소에 우리나라 입시제도를 그렇게 욕하면서 왜 전교 1등의 성적, 수능 수석의 실력은 그대로 믿는지 모르겠어요. 여기에 모순이 있는 겁니다.

충남대 의대, 제주대 의대를 간 학생이 서울대 물리학과 간 학생보다 더 우수하다는 근거가 뭐예요? 입시에서 조금 높은 성적을 거뒀다는 거잖아요. 그게 전부예요. 그러면서 맨날 입에 거품을 물고 비판하잖아요. 우리 교육은 창의성을 죽이고, 미국보다 못하고 어쩌고저쩌고. 만약 우리 입시가 그렇게 잘못되었다고 생각한다면 전교 1등이 물리학과에 오지 않는 건 정말 다행이라고 여겨야죠. 입시에 성공한 학생들이 의대 가는 걸 이공계 교수들이 오히려 좋아해야 해요. '이번에는 정말 괜찮은 애들이 왔어. 의대 간 저 학생들은 고등학교 때 이미 머리가 다 타버렸어. 그렇지 않은 애들이 와서 다행이야. 머리가 다 타버린 학생이 과학을 하면 안 돼.' 이런 역발상을 할 수 있어야죠. 농담하는 게 아니라 실제로도 그래요.

　물론 고등학교 때 공부 잘한 애들은 열심히 산 학생들이고 목표도 뚜렷해요. 집안도 좋고 성실한 학생들이 많죠. 그런데 창의성이 떨어져요. 그건 교수들이 한결같이 하는 얘기예요. 그런데 왜 창의성이 떨어지는지는 얘기하지 않아요. 왜 창의성이 떨어지냐? 열심히 살았기 때문이에요. 그냥 열심히 산 게 아니라 너무 열심히 살았기 때문이에요. 그래서 힘이 다 빠진 거예요.

弟
두식
　머리가 다 타버렸다는 것은 무슨 의미인가요?

兄
대식
　머리가 번아웃burnout되었다는 거죠. 소진된 거예요. 사실 우리나라 영재교육은 다 사기입니다. 영재교육받아서 잘된 사람을 떠올려보세요. 역사에서 거의 찾아볼 수 없습니다. 특히 과학 분야에서 공헌한 사람들 대부분은 일반적인 과정을 밟아 성장한 사람들이에요. 노벨상을 받은 사람도 90퍼센트 이상이 일반 고등학교를 나온 사람들입니다. 아주 특수한 몇몇 천재들의 사례를 포장해서 영재교육이나 조기교육의 효율성을 입증하려고 하지만 잘 살펴보면 그게 다 진실과는 거리가 있어요. 영재로 자주 거론되는 리처드 파인만 교수도 그냥 괜찮은 공립 고등학교를 다녔을 뿐 영재학교를 다닌 게 아니거든요. 파인만 교수는 24세에 박사학위를 받았는데 당시에는 그게 별로 특별한 일이 아니었어요. 시험만 통과해도 박사가 되던 시절이거든요. 그때 흉내를 낸다고 미국에도 요즘 조기교육에 열을 내는 사람들이 있어요. 13세에 대학에 들어가서 20대 초반에 박사를 받는 애들을 제가 미국에서 직접 봤어요. 미국에서 영재교육을 받은 애들 대부분 실패합니다. 30대가 되면 다들 무대에서 사라져요. 두뇌를 너무 일찍 태워먹은 거예요. 그게 바로 번아웃입니다.

20대에 공부를 열심히 해서 30대에 본격적으로 연구를 시작한 사람들은 그렇게 번아웃되는 경우가 없어요. 학자들의 정년 보장심사를 엄격하게 해서 진짜와 가짜를 갈라내야 한다고 제가 주장하는 이유도 거기 있습니다. 10대 청소년들을 쥐어짜는 게 아니라 30대 학자들을 쥐어짜야 과학이 발전합니다.

弟 **두식** 고등학교 때 공부를 잘한 학생 중에는 이미 번아웃되어서 더이상 공부할 에너지가 남아 있지 않은 경우가 있다는 얘기군요.

형
대식　그렇죠. 미국에서 조기교육을 받은 애들은 대부분 아버지가 교수이거나 적어도 충분한 뒷받침을 할 수 있는 집안의 자제들입니다. 그렇게 좋은 여건에서 영재교육을 받은 사례를 제가 다섯 사람 정도 알고 있는데, 모두 다 30대에 학계에서 사라졌어요. 물론 타고난 천재가 있을 수 있지만 그건 확률이 워낙 낮습니다. 대부분의 천재니 영재니 하는 애들은 집안의 뒷받침을 바탕으로 '만들어진 천재'들입니다. 만들어진 천재는 번아웃될 확률이 매우 높습니다.

그런 관점에서 보면 고등학교 때 공부 잘한 것만을 기준으로 과학자가 될 자원을 뽑는 건 결코 좋은 잣대가 아닙니다. 이공계의 미래를 정말로 걱정한다면 고등학교 전교 1등들이 의대 가는 걸 박수치며 좋아해야 해요. 그 정도 정신적인 유연성도 갖추지 못한 교수들이 어떻게 이공계 위기를 말하는지 모르겠습니다.

지금 이공계 위기론을 퍼뜨리는 사람들은 단지 '성적이 만들어내는 신분'에 대한 신뢰만 가지고 있을 뿐이에요. 자기 신분이 바로 그 성적에서 나왔기 때문이죠. 그들이 가진 권위도 같은 데서 나와요. 고등학교 때 수석 했고 서울대 입학할 때 수석 했다는 거예요. 그런 사람들이 연구를 잘하고 있는가? 여러번 얘기했다시피 그저 외국 지도교수들의 마름 노릇만 잘하고 있는 거예요. 30년 동안 계속 그 미국 지도교수랑 논문을 쓰고 있는 사람이라면 갓 박사학위를 딴 사람, 더 심하게 말하자면 아직 박사 사실 우리나라 영재교육은 다 사기입니다.
영재교육받아서 잘된 사람을 떠올려보세요.
노벨상을 받은 사람도 90퍼센트 이상이
일반 고등학교를 나온 사람들입니다.

학위를 따지 못한 사람보다도 나을 게 없어요. 뭐가 다른가요? 그런 사람이 천재로 소개되고 노벨상 수상이 유력하다고 신문에 나오는 것도 이상한 일이죠.

이공계 위기는
없었다

弟
두식 지도교수와의 관계 단절 이야기가 여러번 나왔는데, 연구 분야가 비슷할 수밖에 없고 함께 집을 짓던 관계인 지도교수와 도대체 언제 단절할 수 있는 건가요? 단절이 가능하기는 한가요?

兄
대식 어느 시점이 되면 끊어야죠. 심지어 지도교수가 시키는 일을 하면서 호흡을 맞추는 과정에서도 언젠가는 독립할 준비를 하고 있어야 하는 것이 박사과정 학생의 운명입니다. 자기 집을 지어야 하니까요. 앞서 말씀드린 것처럼 독일에서 정교수가 되는 사람들도 그 두가지 과제를 조화롭게 성취한 이들입니다. 미묘한 균형을 맞출 필요가 있는 거예요.

물론 미국에서도 지도교수를 떠나지 못하는 사람이 있죠. 자기 분야를 새로 개척하기 위해서 관계를 빨리 단절하는 사람도 있고요. 인간적인 관계를 끊는다는 게 아니라 학문 분야에서의 독립을 얘기하는 겁니다. 이런 사람 저런 사람이 있을 수 있지만 구조적인 문제를 생각해봐야 해요. 미국이나 유럽처럼 학계 전체가 탄탄한 피라미드 구조를 가지고 있는 나라에서는 이런 사람도 있고 저런 사람도 있을 수 있어요. 어차피 세계를 이끌고 있는 상황에서는 지도교수를 못 떠나는 사람도 필요하고 독립하는 사람도 필요한 거죠. 그런데 우리나라는 모든 걸 시작하는 단계예요. 이런 단계에서 우리나라의 최고라는 사람들이 미국에 있는 자기 지도교수와의 관계를 단절하지 못하는 건 큰 문제가 아닐 수 없어요. 우리나라 전체 과학 생태계를 미국에 종속시키니까요.

弟
두식 학문 발전의 시기에 따라 문제를 달리 볼 수 있다면, 지금 우리나라에서 최고로 꼽히는 분들의 세대에는 미국의 지도교수와 협력하는 것 이외에는 다른 선택의 길이 없었던 것 아닐까요? 형보다 10년 정도 선배인 분들의 학문적 종속성을 문제 삼기는 어렵지 않으냐는 거죠.

兄
대식 분명히 그런 면이 있죠. 그들이 가진 종속성의 70퍼센트는 저도 가지고 있어요. 만약 그분들이 자기 세대의 한계와 과제를 인식하고 있다면 저도 이렇게 비판할 이유가 없을 거예요. 그런데 그분들이 그걸 생각하지 않아요. 지금도 여전히 유학 가는 애들하고 이메일 주고받으면서 "야, 곧 자리 하나가 나는데 얼른 박사 마치고 돌아와" 같은 소리를 하고 있는 거예요. 한국에서 자기가 키운 박사들에게는 기회를 주지 않고요. 학생들을 꼬셔서 자기 밑의 박사과정에 들어오게 해놓고, 해외 유학 중인 수석에게 물밑작업을 하는 건 말이 안 되죠. 그분들 머리에는 수석 한 애가 교수 해야 한다는 생각으로 가득 차 있어요. 그게 죽고 사는 문제예요. 서울대 수석 입학한 학생이 교수가 돼야 의대 교수들한테 큰소리를 칠 수가 있는 거야. '우린 수석 한 사람만 교수를 하는 학과야! 너네랑 달라!' 순전히 그 자부심으로 살아온 사람들에게는 연구보다 어쩌면 그런 게 더 중요한 거예요. 그런 거 나도 이해해! 나도 예전에 그렇게 살아왔기 때문이지. 겨우 그걸 극복했기 때문에 이런 말을 하는 거예요. 냉정하게 연구로 승부를 보겠다고 결심한 순간부터 수석이니 뭐니 하는 건 아무 의미가 없어요.

弟
두식 수석 한 학생과의 관계는 문과에서는 좀더 복잡한 측면도 있는 것 같아요. 문과 유학생들은 아무래도 외국에 남기보다는 귀국하는 경우가 더 많다고 했잖아요. 제 친구가 일하는 어떤 학과의 경우에 교수들 다수가 입학이나 졸업 때 수석을 한 사람들이에요. 학과 수석 정도가 아니라 단대 수석, 인문계 전체 수석 뭐 그런 걸 하고 해외에서 박사학위를 취득했죠. 그런 걸 아무도 입에 올리지 않지만 주변에서는 모두 알고 있기 때문에 그게 은근히 학과의 자부심이 되기도 해요. 우리는 다른

조건 보지 않고 공부 잘한 애들만 교수로 뽑아왔다는 얘기도 할수 있고요. 자기들이 배출한 박사들을 교수로 뽑지 않는다는 점에서는 똑같은 문제를 안고 있는 학과인데요, 그래도 임용의 정확한 기준을 제시하기 어려운 문과에서는 이런 임용 방식이 최소한의 공정성을 보장하는 측면은 있는 것 같습니다.

兄
대 식　유학 간 학생을 기다리는 게 왜 문제가 되냐 하면, 그런 물밑작업이 진행되는 상황에서는 목숨 걸고 연구할 필요가 없어지기 때문이에요. 한국에서 자기가 키운 박사를 해외 유학 간 학생보다 더 잘하게 지도해서 서로 경쟁을 시켜야 하는데, 그런 생각을 이미 포기한 상황에서는 학문의 독립성도 경쟁력도 갖출 수가 없어요.

弟
두 식　공정성의 측면은 어떤가요. 저는 학력고사와 고시제도로 상징되던 우리나라의 경쟁 씨스템이 적어도 공정성 확보에는 크게 기여했다고 생각하거든요. 응시자의 신원을 가린 채 오직 점수로만 순위를 매겨 사람을 뽑는 매우 단순하고 무식한 씨스템만이 갖는 힘이죠. 우리처럼 땅덩어리가 좁고 전국민이 이런저런 인연으로 연결된 나라에서 가문이나 학벌의 도움 없이 오직 점수 하나로만 사람을 평가하는 제도의 장점을 무시할 수 없어요. 장원급제 DNA의 문제점을 많이 지적했지만, 공정성 보장이라고 하는 긍정적인 측면은 인정해야 해요.

요즘은 대학입시 전형이 워낙 복잡하고 자기소개서니 뭐니 요구하는 것도 많아서 결국은 가족 전체가 달라붙어서 입시를 치를 수밖에 없어요. 제 또래들이 한창 자녀들 입시를 치르는 시기라 그런지 변호사, 판검사, 의사, 교수 하는 친구들이 그런 불평들을 해요. 여름 내내 자기 애 자기소개서 써주느라 죽는 줄 알았다고요. 개입의 정도에서는 차이가 있을지 몰라도, 아이가 최선의 자기소개서를 학교에 제출해야 하는데, 대한민국에서 완전히 손 놓고 있을 부모는 없어요. 자기소개서 쓰는 시기가 한창 수능을 준비해야 하는 시기와 겹치기 때문에 애는 공부하라고 시키고 부모가 붙들고 있을 수밖에 없다는 거예요. 입시가 사실상 부모들의 게임이 되고 만 거죠. 그런 친구들을 비난할 수도 없어요. 외국에서 아무리 성공한 제도라 하더라도 우리나라에서는 안 되는 게 있다는 걸 인정해야 한다고 생각해요.

이게 대학입시에서만 문제되는 게 아니고 법학전문대학원, 의학전문대학원, 일반대학원, 회사 취업에도 그대로 이어져요. 점수만으로 사람을 뽑는 부작용이 적지 않지만 그래도 다른 주관적인 요소를 집어넣다가 공정성의 틀이 무너지는 것보다는 나을 수도 있어요. 교수 채용에서 수석들이 누린 프리미엄도 그런 관점에서 이해가 가기는 해요.

대식 장원급제 방식의 입시제도가 공정성 확보에 기여한 건 사실입니다. 대학입시에서 학력고사가 가졌던 장점이 적지 않죠. 성적으로 간단하게 결정하는 그 시절로 돌아가야 한다는 생각도 자주 합니다. 최악의 제도이지만 우리 형편에서 찾아낸 그나마 괜찮은 제도이기도 했던 거죠. 대학입시 개선한답시고 입학사정관이니 뭐니 하는 제도를 새로 도입했는데 결국 교수 집 애들에게 유리한 결과만 낳았어요. 고등학생 애들에게 제대로 된 논문을 요구하는 게 말이 됩니까? 아버지가 대신 써주라는 얘기밖에 안 돼요. 공정한 점수로 그냥 줄 서서 대학에 가는 게 우리 형편에서 그나마 최선일 수 있습니다.

그러나 그건 딱 대학입시까지입니다. 교수 채용까지 그런 방식으로 할 수는 없어요. 해마다 학과에서 수백명의 교수를 뽑는 것도 아니잖아요. 문과라서 객관적인 기준이 없다? 객관적인 기준을 찾을 수 없어서 과거에 수석 했던 애를 그냥 뽑는다? 그건 그냥 게으른 거예요. 일반적으로 서너명, 많아야 열명 정도 되는 교수 후보자 중에서 하나를 왜 가려내지 못합니까. 논문 실적 보면 대번에 알 수 있어요. 당연히 논문의 질도 평가해야죠. 충분히 할 수 있는 일입니다.

전교 1등이 의대 가는 걸 오히려 반가워해야 한다는 얘기는 공정성과는 좀 다른 차원의 얘기입니다. 입시를 통해 전국민을 한줄로 세운 부작용을 의대가 거의 다 흡수해주고 있어요. 이건 좋은 일입니다. 자연대나 공대 교수들이 괴로워할 일이 전혀 아니에요. 공부만 잘하는 학생들을 의대가 싹 걷어가주니 얼마나 다행입니까? 이과에서는 의대가 문과에서는 법대가 그 역할을 해주는 거예요. 장원급제를 노리는 학생들은 그에 걸맞은 의대나 법대에 들어가서 열심히 공부해서 목표하는 영의정이 되면 돼요. 덕분에 자연대, 공대, 인문대에는 정말 공부 자체를 좋아하는 학생들이 올 수 있어요. 장인이 될 수 있는 학생들이 몰려들 가능성이 그만큼 높아진 거예요. 장원급제만 노리던 학생들이 그동안 장인의 세계까지 지배하면서 생겼던 부작용이 사라지는 거죠. 그렇게 본다면 지금 상황은 이공계의 위기가 아니라 최대 기회인 겁니다.

서울대 교수들이 왜 그런 기회를 잡지 못하느냐? 지난번에 동생이 이야기한 '푸른 눈, 갈색 눈 실험'처럼 학생들에게 미리 낙인을 찍고 있기 때문에 이런 기회가 눈에 들어오지를 않는 거예요. 1등급은 서울대 나와서 해외에서 박사를 마친 수석 출신, 2등급은 서울대 나와서 서울대 박사 한 사람, 3등급은 다른 학부를 나와서 서울대에서 박사 한 사람, 딱 이렇게 미리 나눠놓고 나서 1등급은 서울대 교수를 시켜주고, 2등급은 회사로 보내는 거예요. 3등급은 연·고대나 카이스트 출신만 살아남고 나머지는 굶어 죽을 수밖에 없어요. 이게 제대로 된 경쟁이 되려면 5위권 바깥에 있는 대학 출신으로 서울대에서 박사를 딴 사람에게 교수 자리를 주고 정말로 이른바 1등급 박사보다 실적이 처지는지를 실질적으로 검증해봐야 해요. 마치 자비를 베풀듯이 "너는 3등급인데도 내가 잘 지도해서 회사까지 취직했으니 다행이다"라고 말하는 것은 모순이에요. 단 한번이라도 기회를 주고 비교를 해야죠. 그렇게 해야 이른바 1등급 애들도 더 열심히 노력을 합니다. 밀리면 쪽팔리니까!

학생들을 낙인찍지 말고 평등하게 기회를 줘야 합니다. 경쟁력을 갖추기 위해서라도 평등이 필요해요. 흔히들 로마가 바바리안들에게 마구잡이로 시민권을 줬다가 망했다고 하는데, 사실은 바바리안들에게 기회를 줬기 때문에 몇백년 동안 제국을 유지할 수 있었던 거예요. 미국이 제2차 세계대전 이후에 제국 노릇을 시작해서 기껏 반백년인데 벌써 흔들흔들하는 것과 비교해보면 정말 대단한 로마제국이죠. 인종, 피부색과 상관없이 인재를 등용했기 때문에 로마제국이 그렇게 오래 버틴 겁니다.

우리 사회는 평등에 대한 인식 수준이 턱없이 낮아요. 진보든 보수든 다를 게 없어요. 미국의 테니스 선수인 세리나 윌리엄스를 가리켜 진보신문이든 보수신문이든 가릴 것 없이 '흑진주'라고 하는 걸 보세요. 평등을 내면화하지 못한 우리 사회에서 진보든 보수든 엘리트주의자들이 득세해요. 저는 엘리트주의의 그 천박성이 싫어요. 진보 행세하면서 엘리트주의를 벗어나지 못한 대학교수들은 더 싫고요. 엘리트주의자일수록 머리는 더 나빠요. 이공계 위기라는 문제도 차원을 달리해서 바라보면 새로운 게 보입니다. 그런데 도무지 질문을 바꿔보지 않아요. 고등학교 때 공부 잘한 학생이 물리학도 잘하고 연구도 잘할 거라는 믿음을 왜 진리로 받아들이죠? 주입식 교육이 싫다면서 왜 그 결과는 그대로 받아들이느냐는 말이에요. 또 주입식 교육이 무조건 나쁘다는 이유는 뭐죠? 우리가 주입식 교육으로 여기까지 온 나라입니다. 그렇다면 주입식 교육을 좋다고 생각해볼 수도 있잖아요. 다른 사람이 얘기하면 거기 그냥 묻어가기만 할 뿐, 자신의 머리로 생각하지를 않아요. 그게 제일 큰 문제예요. 이공계 위기를 말하는 사람들의 천박성이 싫어요. 어릴 때부터 공부 잘한 걸로 인정을 받았기 때문에 그 신분을 놓치지 않으려는 심보만 남아 있는 사람들이에요. 진보 중에도 그런 사람들이 많아요. 인간이 원래 그런 존재니까 그건 할 수 없다고 쳐요. 질문을 안 하는 사람들, 호기심이 없는 사람들이 학자를 하는 게 제일 큰 문제입니다.

물리학을 망친
천재들

弟두식 장원급제 DNA를 가진 사람과 장인 DNA를 가진 사람의 가장 근본적인 차이는 호기심의 유무라고 볼 수도 있겠군요. 고등학교 때 공부는 좀 뒤처졌어도 번아웃되지 않고 호기심을 잃지 않은 사람이 과학자가 되는 데 최적이겠어요. 과학자들이 한창 일할 나이에 행정이나 정치로 빠지는 것도 원래 호기심이 적은데다가 일찌감치 번아웃되어 그렇다고 생각할 수도 있겠고요. 전체적으로 큰 그림이 그려지는 것 같습니다.

대식 아이러니지만 경기고 수석 하고 서울대 수석 한 분들이 물리학과로 몰린 게 물리학을 망쳤다고도 볼 수 있다는 얘기입니다. 그렇게 천재로 뽑히는 한국의 대표적인 학자 한 분에게 어떤 일본 학자가 물어본 적이 있어요. 서울대 교수가 됐는데 왜 행정으로 빠지게 되었느냐고요. 일본 학자들이 볼 때는 그게 정말 이상한 일이거든요. 그랬더니 이런 대답이 나왔다고 해요. "한국에 왔더니 미국 있을 때랑은 다르더라. 똑같은 결과를 내도 한국에서 보내면 좋은 저널에 논문을 싣기가 어렵더라." 저는 그 얘기 듣고 깜짝 놀랐어요. 사실 그건 외국 있다가 돌아온 우리나라 학자들 모두가 경험하는 일이거든요. 외국에 있을 때보다 좋은 저널에 논문 싣기가 당연히 더 힘드니까요. 상식적으로 다음 결론은 그래서 더 열심히 연구하기로 했다는 얘기로 이어져야 하잖아요. 그런데 그분은 그래서 자기가 연구가 아닌 행정 쪽으로 빠졌다는 겁니다. 후배들에게 길을 터주기 위해서! 자기를 희생해서 후배들이 해외 저널에 논문을 더 쉽게 낼 수 있도록 돕기 위해서!

그분 말씀처럼 누군가 희생해야 하는 건 맞아요. 그런 희생으로 연구 여건이 엄청 좋아졌습니다. 문제는 이공계 전반의 문화입니다. 많은 교수들이 정년보장을 받아서 연구에 대한 부담이 줄어든 후에는 행정 쪽으로 빠지거든요. 어차피 거의 모두가 정년보장을 받게 되어 있기 때문에 어떤 사람들은 정년보장을 받기 이전부터 이미 연구가 아니라 다른 일을 할 궁리부터 해요.

고등학교 때 공부 잘한 학생이 물리학도 잘하고
연구도 잘할 거라는 믿음을 왜 진리로 받아들이죠?
주입식 교육이 싫다면서
왜 그 결과는 그대로 받아들이느냐는 말이에요.

그러면서 분위기 전체가 정치화되는 거죠. 물론 한눈팔지 않고 열심히 연구하는 교수님들도 많습니다. 그러나 구조적인 모순에 대해서는 지적하지 않을 수 없어요.

㉫ 두식 질문이 좀 이상하기는 한데, 이른바 2등급, 3등급 학생이 연구자로서 성공한 사례가 있나요? 얘기를 듣다보니 어쩔 수 없이 궁금해지는데요. 고등학교 때 1등 한 학생이 의대 가서 다행이라면, 그다음 그룹 학생이 이공계에서 잘된 이야기가 나와야 하잖아요?

㉫ 대식 제 개인적으로는 주변에서 그런 성공 사례를 많이 봤습니다. 다만 구체적으로 언급하면 혹시 당사자에게 누가 될까봐 자세한 이야기를 하기는 어려워요. 제가 대학 이름을 언급하면서 그렇게 좀 성적 서열이 떨어지는 대학 출신이신데도 엄청나게 잘하는 교수가 있다고 얘기하는 것도 우습잖아요. 당장 노벨상이라도 탈 수 있는 수준이라면 이름을 거론하겠지만 아직 그런 분은 없고요. 어차피 나라 전체에 당장 노벨상을 탈 수 있는 학자가 거의 없어요. 고만고만한 수준에서 저보다 더 잘하는 학자가 많이 있다는 얘기예요. 대학 시절 학점이 나빠서 교수 임용될 때 심각하게 문제가 되었던 분이 좋은 연구 성과를 내는 경우도 있어요. 대학 때 학생운동하느라 공부를 제대로 못 한 분이 나중에 발군의 연구 실력을 보인 경우도 흔합니다. 청소년

기에 번아웃되지 않았기 때문에 오히려 나중에 힘을 발휘한 거죠. 지금까지 그런 분들에게 기회가 주어지는 일이 거의 없었던 걸 고려한다면 확률적으로는 이미 충분한 데이터가 쌓였다고 생각해요.

천재들이 과학계를 이끈다는 건 증명이 안 된 신화예요. 뭔가 엄청난 걸 발명한 사람 중에서 학교에서 1등 한 사람을 찾기가 쉽지 않아요. 시험 잘 보는 학생은 남들이 주는 문제를 푸는 데까지는 해낼 수가 있어요. 그러나 새로운 발견 혹은 발명을 하거나 새로운 이론을 만든다는 건 전혀 다른 차원의 이야기입니다. 우리나라는 지금까지 시험 잘 치는 사람들에게만 과학을 맡겼어요. 그 결과로 새로운 이론, 새로운 발견 하나를 만들어내지 못했어요. 단 하나의 초가집도 짓지 못했어요. 지금이라도 거대한 전환을 만들어내지 못하면 계속 망하는 거예요.

7장

—

경기고, 뺑뺑이, 특목고

뺑뺑이 세대의
마지막 발악

弟
두식
　지난번 이야기에 이어 오늘은 과학고등학교에 대해서도 묻고 싶은데요. 과학고야말로 장인 DNA를 가진 학자를 만들기 위한 장치 아닙니까? 쉽게는 드라마 「카이스트」를 통해 일반인들에게 심어진 이미지를 생각할 수 있겠죠. 창의적인 과학영재들이 한곳에 모여 치열하게 경쟁하며 과학에만 집중하고, 상당수는 고등학교 2학년 때 대학으로 진학합니다. 나름 성공한 모델로 거론되는데 과학고에도 역시 너무 빨리 번아웃되는 문제가 있지 않을까요?

兄
대식
　과학고 학생들이야말로 대표적으로 번아웃된 상태입

니다. 그래서 저는 과학고 학생들보다는 일반고 학생들이 순수 과학을 하는 게 옳다고 생각해요. 과학고 학생에게 우선권을 주는 대학들의 선발기준도 바뀌어야 합니다.

弟
두식
과학고 출신이 들으면 서운하겠어요. 과학이 좋아서 과학고를 선택했고 무수한 실험을 하면서 밤을 지새워온 애들인데 억울하잖아요.

兄
대식
과학을 좋아하고 열심히 실험한 애들이 없지는 않겠죠. 하지만 실제로 초등학교, 중학교 때부터 학부모들이 자식을 과학고에 보내기 위해 얼마나 난리를 치는지 알게 되면 이야기가 달라져요. 과학고 학생들은 대체로 부모에 의해 영재로 만들어진 아이들입니다. 영재로 만들어지는 과정에서 머리가 굳어요. 이공계에는 머리가 말랑말랑한 애들이 와야 하는데 과학고 진학을 준비하면서 이미 머리가 굳는 거예요.

과학고가 생기기 전에는 그나마 희망이 있었어요. 왜냐? 머리 굳은 애들은 의대에서 다 데리고 가주니까! 그런데 과학고 애들이 왕창 자연대와 공대에 오기 시작하면서 상황이 더 나빠졌어요. 현재 입시제도에서 과학고는 외고와 함께 정확히 과거의 경기고를 비롯한 명문 고등학교 역할을 하고 있어요. 물론 과학고의 도입 초기에는 창의적인 인재들이 모였습니다. 그런데 지금은 그런 학생을 거의 찾아볼 수 없어요. 요즘 과학고 학생들은 입학사정관제니 자기소개서니 해서 서울대 물리학과에 와서 미리 실험을 하겠다고 해요. 입시지원을 위한 스펙을 쌓아야 하니까요. 정말 이상한 얘기 아닌가요? 모든 게 스펙을 위한 거야! 그거 준비하면서 머리가 다 굳는 거야!

저도 그런 경험이 있어요. 과학고 학생들이 우리 연구실에 와서 실험을 했어요. 대학원생들에게는 미안하지만 그래도 고교생들이 와서 실험을 하겠다니 저도 궁금해서 한번 와보라고 한 거였어요. 2주일인가 실험을 하고 돌아갔는데 나중에 그 학생 어머니가 항의전화를 했다고 하더군요. "왜 우리 딸 점수가 A플러스가 아니냐?" 그 이후에 다시는 이런 실험 신청을 받지 않았어요. 자기가 실험을 좋아해서 하는 게 아니라 엄마의 계획 아래에서 명문대학에 가기 위한 이력만 쌓아가는 거예요. 구조적으로 완전히 잘못된 거죠. 이런 습관이 들면 연구를 자기 커리어를 쌓는 수단으로만 생각하게 돼요. 잘 되어봤자 장원급제 DNA를 가진 학자가 하나 더 늘어나는 거죠.

弟
두식 더 비극은 그 장원급제 DNA마저도 자기가 만드는 게 아니라 엄마가 만들어준다는 사실이에요. 그래도 그 엄마 입장에서는 억울했을 거예요. 스펙을 쌓기 위한 실험이라 특별한 하자가 없는 이상 당연히 A를 받는 줄 알았다가 교수들이 B를 주는 바람에 모든 게 이상해졌을 테니까요.

자기가 실험을 좋아해서 하는 게 아니라
엄마의 계획 아래에서 명문대학에 가기 위한
이력만 쌓아가는 거예요.
구조적으로 완전히 잘못된 거죠.

兀 대식 　이런 상황을 보면서 저는 학력고사의 부활이 오히려 대안일 수 있다는 생각을 했어요. 수학능력시험, 입학사정관, 논술시험 등은 학생들의 부담만 늘리고 있거든요. 그러면서 집안 좋고 돈 많은 애들에게는 공부가 아닌 다른 경로를 통한 명문대 입학의 뒷문을 활짝 열어주었고요.

弟 두식 　원래 수능이나 입학사정관 제도는 모두 공부 부담은 줄이면서도 학생들의 창의성은 높인다는 좋은 동기로 도입된 제도잖아요. 학력고사는 암기만 중시하는 잘못된 입시제도라는 비판도 받았고요. 그러면서 미국식 입시제도가 모델로 제시되었죠. 지금 제도가 문제는 많지만 입시 전문가도 아닌 우리가 학력고사로 당장 돌아가자고 말하기는 어렵지 않을까요?

兀 대식 　입시 전문가가 아니라고 우리가 얘기 못 할 게 뭐가 있어. 어차피 솔직한 생각을 털어놓는 자리인데. 우리나라는 주입식 교육의 힘으로 이 정도 발전을 이뤄냈어요. 일본도 주입식 교육으로 줄줄이 노벨상을 받고 경제성장도 했어요. 주입식 교육은 무조건 잘못된 거라고 앵무새처럼 떠들며 그 틀을 다 무너뜨린 게 잘못이었어요. 현행 입시에서 고교생들에게 논문을 쓰라고 시키는 게 말이 됩니까? 과거와 똑같은 분량의 공부를 하고 있는 애들에게 논문 쓰는 부담만 늘린 거예요. 부모가 능력이 되는 집은 부모가 대신 써주고, 돈 많은 집은 학원이나

입시 전문가들이 대신 써주고 있잖아요. 고등학교는 고등학교 대로 평준화가 완전히 무너져서 중학교가 입시지옥이 됐고, 이른바 명문대학들에서는 특목고 출신에게 우선권을 주고 있는데, 이게 정상인가요? 특목고를 당장 없애고 대학입시는 학력고사 하나로 정리해야 한다고 생각해요.

弟
두식 따지고 보면 형과 제가 속했던 세대만 진정한 평준화를 누린 것 같아요. 평준화의 시대가 생각보다 정말 짧아요. 형보다 몇년 앞선 세대는 고등학교가 비평준화되어 있어서 살벌한 입시를 거쳐야 했잖아요. 고교입시가 폐지되고 평준화가 시행된 이후에도 몇년은 그 여파가 남아 있었고요. 1981년에 대학에 들어간 형의 세대쯤 되어서야 비로소 평준화가 자리를 잡았어요. 1986년에 대학에 들어간 저의 세대에도 과학고가 존재하기는 했지만 저는 그런 게 있는지도 몰랐어요. 그만큼 영향력이 미미했죠. 다들 당연히 집 가까운 학교에 뺑뺑이로 배정받아 가는 걸 받아들였고, 과외는 금지되었습니다. 그런데 90년대 중반부터 특목고가 대세로 자리 잡으면서 외고, 과학고가 사실상 과거 경기고, 서울고 등의 위상을 그대로 계승했어요. 위상뿐만 아니라 과거 비평준화 시대 명문고들의 문제점도 고스란히 이어받았습니다.

제가 자주 지적했던 문제입니다만, 비평준화 세대에게 평준화 세대는 참 불편한 상대였을 거예요. 그들 세대에서는 어느 고등학교 나왔는지만 물어보면 바로 누가 똑똑한 사람인지 판단할 수 있었어요. 그런데 갑자기 그 판단근거가 사라진 거예요. 판단근거가 사라진 상태를 오해해서 아예 대한민국에서 똑똑한 애들이 모두 사라졌다고 생각하는 사람들도 생겨났죠. '하향 평준화' 타령인데요. 똑똑한 애들이 흩어졌을 수는 있겠지만, 한날한시에 사라질 수는 없잖아요. 그런데도 똑똑한 애들이 사라져서 난리 났다는 식의 이야기가 난무했고 결국은 특목고를 통한 소수 엘리트교육의 부활 작업이 시작됐죠. 무슨 음모가 작동되었다기보다는 비평준화 세대들이 가지고 있던 평준화 세대에 대한 불신이 그 동기가 되었다고 생각해요.

우리 때는 한 학교에 공부 잘하는 애, 못하는 애, 깡패 같은 애들이 공존했고 별문제없이 각자 형편에 따라 대학에 진학했습니다. 그런데 갑자기 특목고 애들이 나타나기 시작했어요. 우리 세대는 어느 고등학교 나왔다는 게 큰 의미가 없었잖아요. 굳이 이력서에 쓸 필요도 없었고요. 얘기해봐야 피차 어디 있는 학교인지도 모르니까. 그런데 언젠가부터 특목고 애들이 출신 고등학교 얘기를 자꾸 꺼내기 시작했어요. 약력 소개에도 꼭 적고, 심지어 「짝」 같은 남녀 짝짓기 프로그램에서도 대원외고 나온 애들은 꼭 그걸 밝혀요.

兄 대식 그렇게 치면 우리 책은 아무것도 내세울 것 없는 뺑뺑이 세대의 마지막 발악이군! 그런데 묘하게도 특목고

출신들이 예전 경기고 출신들과 잘 통해요. 스피릿이 같기 때문이에요. 그렇게 다시 소수 엘리트의 왜곡된 독점시대가 열린 거죠. 우리 세대는 그 둘 사이에 끼어서 조용히 사라지게 생겼고.

弟 두식 사실상 평준화가 무너지면서 새로운 제도의 승자로 연·고대가 떠오른 것도 주목할 만해요. 두 학교가 특목고 출신들에게 가산점을 주는 건 공공연한 비밀이잖아요. 입학 성적을 기준으로 삼는다면 세 학교 사이에 우열이 거의 사라졌다는 사람도 있어요. 연·고대 학생들의 상당수가 "특목고 출신이라 내신 등급에 손해를 봐서 서울대를 못 갔을 뿐이다"라고 얘기할 수 있게 됐으니까요.

兄 대식 동생 얘기대로라면 특목고가 우리 사회에 기여한 게 있기는 있네. 대학서열을 무너뜨린 거잖아. (웃음)

弟 두식 대신에 다른 문제가 생겼죠. 예를 들면 제가 나온 고등학교는 연·고대 동문회가 완전히 없어졌다고 들었어요. 서울 시내 일반고의 대부분이 그렇다는 얘기도 있어요. 일반고에서는 특목고에 밀려서 연·고대 가는 학생이 거의 없기 때문이죠.

고려대 법대는 아주 드라마틱한 변화를 겪었어요. 제가 학교 다닐 때 고대 법대는 시골 출신이 많은 걸로 소문난 학교였습니다. 전라도, 경상도, 강원도의 깡촌에서 올라온 친구들이 많이 있었고, 저도 그 친구들과 주로 어울렸습니다. 고시도 같이 붙었고 군대도 같이 간 친구들이에요. 촌에서 혼자 『성문 종합영어』, 『수학의 정석』을 붙들고 공부한 결과로 대학에 온 애들이었죠. 그 친구들이 학과의 주류였기 때문에 저는 강남 출신 친구가 거의 없습니다. 8학군 강남 애들은 자기들끼리 놀았는데 숫자가 아주 적었어요. 신림동, 봉천동 스피릿이 청송, 영양 이런 쪽 애들 스피릿하고 잘 맞았던 거죠. 영어시험은 잘 쳐도 발음은 형편없는 친구들이었어요.

그런데 90년대 중후반 이후에 모교라고 불려 가면 너무 이질적인 학생들이 청중석에 앉아 있는 거예요. 외모부터 우리 때랑 완전히 달랐어요. 그야말로 강남 스타일. 영어로 토론시키면 그 자리에서 미국식 발음을 들을 수 있는 그 분위기에 저는 적응하기가 참 힘들었어요. 뭐랄까 완전히 다른 세상, 못 올 곳을 온 것 같은 느낌. 물론 고대 교수들은 좋아해요. 한동안은 로펌에서 서울대 법대 출신보다 고대 법대 출신을 선호한다는 얘기가 있었을 정도예요. 집안 좋은 강남 출신에 외고 졸업생인 고려대 졸업생 사법시험 합격자들은 심지어 예쁘고 착하기도 하다는 우스개도 들었다니까요. 대신에 영양, 청송에서 올라온 내 친구들과 비슷한 애들은 사라진 거죠.

그럼 한번 물어봐야 하는 거예요. 제가 대학을 졸업한 이후 지난 24년간 도대체 대한민국에서는 무슨 일이 생긴 건가? 그 변화를 짚어볼 필요가 있죠. 저는 사회가 아주 나빠졌다고 생각해요. 계층 간 이동이 불가능해지면 왕국이 망하기도 하는 거잖아요.

兄
대식 옛날처럼 시험성적만으로 학생을 뽑는다면 촌 출신 애들이 이렇게 한꺼번에 사라지지는 않았을 겁니다. 물론 사회 전체의 양극화가 워낙 심해졌기 때문에 여전히 강남 학생들이 강세를 보였겠지만 이 정도는 아니었겠죠.

弟
두식 현재의 입시제도에서 지방의 깡촌 출신이 서울에 진학할 수 있는 방법은 고교 3년 내내 전교 1등을 해서 지역 균형으로 학교장 추천을 받는 길뿐입니다. 연·고대를 비롯한 이른바 '인 서울' 대학들이 지방의 일반고에서 전교 1등을 해도 잘 뽑아주지 않으니까요. 자기소개서나 면접에서도 당연히 가난한 학생, 지방 학생이 불리하죠. 면접을 해보면 차이가 확 느껴져요. 부모 따라 전세계를 돌아다니는 경험을 한 아이가 아무래도 시야가 넓을 수밖에 없으니까요. 양심에 따른 병역거부를 묻는데 당장 "제가 프랑스에 있을 때 보면" "제가 이스라엘에서 들어보니" 뭐 이런 식으로 답하는 애들에게 교수가 점수를 주지 않을 도리가 없거든요. 거기다가 부모가 고소득 전문직인 애들 입장에서는 면접관인 교수가 그렇게 두려운 상대가 아니에요. 아빠나 엄마 친구 중에도 교수가 많잖아요. 그러니 면접하면서도 기죽지 않고 적절한 여유와 예의를 갖추게 돼요. 그런 경험이 없어서 덜덜 떨면서 말을 이어가지 못하는 학생들은 아무래도 불리하죠. 자동적으로 부모의 힘이 입시에 반영되는 거예요. 특목고뿐만 아니라 입시제도 자체가 불평등을 강화하고 있어요.

대학입학 이후에도 불평등은 계속됩니다. 심지어 서울대에서는 지역균형선발로 입학한 학생들을 '지균충'이라고 부르며 차별하는 경향이 있다는 보도도 나왔어요. 강남이나 특목고 출신 학생들이 노골적으로 "우리는 힘들게 공부해 들어왔는데, 누군 지방에서 놀면서 들어왔다"라며 왕따를 시킨다고도 합니다. 서울에서 온 전교 1등은 무시하지 못하고 지방에서 올라온 지역균형 출신 친구들만 차별하는 거죠. 학생들끼리 누가 어떤 전형으로 들어왔는지도 훤히 아는 것도 신기해요.

**兄
대 식**   '하향 평준화'라는 말이 유행하는 순간 이미 경기고 세대가 승리한 거예요. 한동안 많이 떠들더니 요즘은 아무도 그 표현을 입에 올리지 않죠? 이미 싸움이 끝났기 때문에 그런 표현을 쓸 필요가 없어진 겁니다. 평준화 세대는 이미 경기고 세대의 엘리트주의에 무릎을 꿇었어요. 이미 졌지만 그래도 저는 평준화를 향한 싸움을 다시 시작하자고 제안하는 거예요. 국가경쟁력을 회복하기 위해서 평준화로 돌아가야 합니다.

그럼 한번 물어봐야 하는 거예요.
제가 대학을 졸업한 이후 지난 24년간
도대체 대한민국에서는 무슨 일이 생긴 건가?
그 변화를 짚어볼 필요가 있죠.

한 명의 천재가
만 명을 먹여 살린다는 착각

弟
두식 과학은 소수의 엘리트들이 이끌어 간다는 인식이 일반
적인데, 형의 생각은 다르군요.

兄
대식 과학은 소수의 엘리트들이 이끌어 간다고 누가 그래
요? 근거 없는 얘기입니다. 오히려 우리나라 과학은 엘
리트주의 때문에 발전을 못 해요. 예를 들면 이공계 연구비를 지
원하는 데도 엘리트주의가 작동됩니다. 잘하는 사람에게 매년
수십억을 몰아줍니다. 그 돈은 대개 이미 연구비를 너무 많이 받
아서 배가 터질 지경인 몇개 대학 연구팀에 집중돼요. BK사업
을 하면 물리 분야에서 여섯개 학교가 선정이 돼요. 서울대, 연
대, 고대, 포항공대, 카이스트까지 다섯 학교가 하나씩 가져가고
여기에 한양대, 성균관대, 서강대에서 하나쯤이 추가되는 게 보
통이죠. 정확히 우리 학벌서열 구조를 따라가는 겁니다. 이게 잘
못하면 돈 낭비가 되기 쉽습니다. 자기 집도 짓지 못하면서 돈
만 쓰는 거예요.

기초연구 분야는 미국이든 유럽이든 세계 어느 나라를 가도
평준화이고 나눠 먹기예요. 독일의 경우 정교수든 부교수든 상
관없이 누가 어떤 프로포절을 써도 1년에 1억 정도씩은 배정받

아요. 10억짜리 연구를 한개 돌리는 대신에 1억짜리 연구를 열 개 돌리는 게 낫다는 걸 알기 때문이죠. 우리나라의 기초과학 연구원IBS, Institute for Basic Science처럼 어떤 연구팀에 1년에 100억씩 10년간 천억을 주는 나라는 별로 없습니다. 물론 저도 지금 그걸 받으려고 엄청 노력 중입니다만…

弟 미국이나 유럽에서는 왜 그런 거죠?
두식

兄 선택과 집중으로는 안 되는 게 기초과학이기 때문이에 대식 요. 기초과학은 일종의 운 싸움입니다. 좋은 발견을 하려면 열심히 노력해야 하지만 무엇보다 운이 필요해요. 이건 마치 복권을 사는 것과 비슷해요. 복권은 무조건 많이 사는 게 유리해요.

기초과학에서는 뛰어난 학자 한명에게 100억을 준다고 해서 반드시 엄청난 결과가 나오리란 보장이 없어요. 100억을 받아도 좋은 결과가 나올 확률이 100배로 늘어나는 게 아니거든요. 그보다는 1억을 100명에게 나눠 주는 것이 결과를 내는 데 유리합니다. 확률상 최소한 수십배가 높아지는 거죠. 1년에 1억 정도면 누구라도 실험실을 나름대로 운용해볼 수 있는 규모입니다. 그렇게 실험실을 운용하게 하고 열심히 노력하는 누군가가 로또에 당첨되기를 기다리는 거죠. 기초과학은 그 방향이 맞아요.

그런데도 우리나라는 자꾸 한명에게 돈이 집중되는 방향으로 가고 있어요. 엘리트주의의 산물입니다. 잘하는 사람은 이미 정해져 있기 때문에 그 한명에게 투자하는 게 옳다고 믿는 거예요. 다른 건 낭비로 보는 거죠. 물론 방향이 이렇게 잡힌 상황에서 저도 살아남기 위해서 최대한 많은 연구비를 따려고 노력하고 있습니다. 개인인 제가 전국의 기초과학 연구자들을 배려할 도리가 없으니까요. 그래도 이런 엘리트주의가 잘못된 방향이라는 얘기는 꼭 하고 싶습니다.

弟
두식 그런 엘리트주의에 불을 지핀 게 만명을 먹여 살리는 S급 인재가 있어야 한다는 삼성 이건희 회장의 한마디 아닌가요. 그런 생각이 우리 사회를 지배하게 된 거고.

兄
대식 한명의 천재를 만들려면 먼저 만명을 굶어 죽지 않게 해야 하는 겁니다. 기초과학 분야는 만명이 굶어 죽지 않고 각자 열심히 하는 가운데 뭔가 큰 게 터져 나와요. 그게 저의 믿음입니다. 공부 잘하는 애들이 처음부터 정해져 있고 그 한명에게 몰아줘야 한다는 게 엘리트주의자들의 믿음이고요. 엘리트주의자들은 그런 잘못된 믿음의 기초 위에 제도를 만들어요. 스티브 잡스를 만들고 싶다면서 공부 잘하는 애들 중에서 잡스를 찾으려면 그게 되겠습니까. 스티브 잡스는 생물학적 아버지가 시리아 사람이거든요. 우리나라라면 잡스는 아예 싹도 못틔웠을 겁니다. 뭐가 문제인지조차 모르는 사람들이 수천억씩 돈을 굴리며 나라를 망쳐먹고 있어요.

弟
두식 기초과학 연구자들에게 1억원씩 나눠 주면 된다는 발상은 신선합니다만 여전히 생소하게 들립니다. 기초과학은 왜 그럴 수 있는지 좀더 설명해주시겠어요.

兄
대식 기초과학은 운 좋은 사람을 아무도 따라가지 못하는 특성이 있어요. 기초과학의 특성 자체가 세런디퍼티seren-dipity에 있기 때문입니다. 발견의 반 이상이 세런디퍼티에 의한 거예요. 통계적으로 입증되기는 어렵지만 우연을 통해 발견한 게 80퍼센트 되고, 똑똑해서 발견한 게 20퍼센트 정도 될 겁니다. 그렇다면 당연히 우연성에 투자를 해야죠. 우연성이라는 말에 거부감이 들 수도 있겠지만, 우연성에 투자하면 부수적인 효과를 누리게 됩니다. 기초과학에 투자하는 것은 교육에 투자하는 겁니다. 기초과학에서는 놀라운 발견을 할 확률 못지않게 교육 자체가 중요하니까요. 독일도 일본도 그래서 기초과학 분야에 폭넓은 투자를 하는 겁니다. 한두명에게 돈을 쏟아붓는 엘리트 과학이 아니라요. 그런 엘리트주의 정책을 만드는 사람들이 하나같이 평준화 이전의 경기고 출신들이에요. 자기만 망하지 않고 잘못된 믿음으로 나라 전체를 망치고 있는 겁니다.

弟
두식 대학원생이 없어서 연구가 불가능한 작은 학교에도 그렇게 돈을 주면 된다는 얘기인가요?

🔵 아무나 줄 수는 없겠지요. 최소한의 열의와 자격은 필
대식 요합니다. 그러나 아무리 씨스템이 나빠도 우리나라에
서 아무나 교수가 되지는 않습니다. 그래도 자기가 속한 바닥에
서 한가락 했기 때문에 교수가 된 거예요. 규모가 작은 지방대처
럼 대학원생도 없는 학교에 연구비를 주는 게 낭비라고 생각할
수도 있지만, 그렇지 않아요. 대학원생이 없는 학교라면 교수가
그 돈으로 전문 기술자technician라도 고용해서 뭐라도 만들어냅니
다. 그 돈을 받아 학생들을 전문 기술자로 양성할 수도 있어요.
그렇게 만들어진 기술자가 나중에 삼성에 갈 수도 있습니다. 기
초과학에는 돈 낭비라는 게 없어요. 돈을 쓰면 분명하게 효과가
나타나요. 한곳에 돈을 몰아주게 되면 그게 진짜 돈 낭비죠. 돈
을 몰아주어야 한다면 이런 소규모 연구를 통해서 진정한 의미
에서 자기 분야를 개척한 사람들에게 몰아주어야 합니다.

🔴 그런데 사람들이 그 우연성을 인정하는 게 쉽지 않아
두식 요. 재미있는 건 앞서 말씀드린 것처럼 장원급제나 전
교 1등도 따지고 보면 운이잖아요. 우연적인 요소를 무시하고
모든 걸 자기 노력의 결과라고 생각하는 것도 미숙한 태도죠.

🔵 뭐든지 잘하는 사람은 미리 정해져 있고, 그게 누군지
대식

는 15세만 되면 분명하게 확인할 수 있다는 생각 자체가 미숙한 거예요. 그런데 지금 이 순간에도 연구비들이 그런 믿음 위에 집행되고 있어요. 만약 저에게 100억을 나눠 줄 권한을 준다면 저는 서울대든 지방대든 가리지 않고, 오히려 지방 국립대를 중심으로 전국에 그 돈을 골고루 뿌릴 겁니다. 한명의 엘리트가 만명을 먹여 살린다는 생각은 적어도 기초과학 분야에는 전혀 맞지 않아요.

복권과의 비교로 설명이 부족하다면 벤처와도 비교해볼 수 있습니다. 조그만 벤처가 많은 이유는 그중 하나만 대박이 나도 전체 이득이 되기 때문입니다. 그런데 벤처를 육성한다면서 한 사람을 뽑아 돈을 몰아준다고 생각해보세요. 우리나라에서 누가 뽑힐까요? 보나마나 윤송이 박사 같은 사람이 뽑힐 겁니다. 구체적인 이름을 거론하는 게 좀 부담스럽기는 하지만 윤송이 박사가 뽑히는 이유가 뭘까요? 핵심은 옛날에 공부를 잘했다는 거죠. 물론 윤송이 박사도 훌륭합니다. 그러나 세계 어떤 나라도 벤처기업 지원할 때 그런 기준으로 사람을 뽑지는 않아요. 그 기준에 따르자면 스티브 잡스, 빌 게이츠 모두 탈락입니다. 윤송이 박사 같은 사람을 창의성의 상징으로 삼는 것 자체가 난센스예요. 그렇게 하면 벤처는 망해요. 기초과학도 똑같습니다.

우리나라 입시제도 아래에서 공부를 잘한 사람들은 좀 심하게 말하자면 머리가 나쁜 사람들이에요. 창의적이지 못하고 체제 순응적일수록 좋은 성적을 거둬요. 예외가 없지 않겠지만 대

뭐든지 잘하는 사람은 미리 정해져 있고,
그게 누군지는 15세만 되면
분명하게 확인할 수 있다는
생각 자체가 미숙한 거예요.

체로 그래요. 머리가 나쁜데 공부를 너무 열심히 하다보니 일찍 번아웃돼요. 그런데 그런 사람들이 좋은 학벌을 갖춘 해외유학 파라는 이유로 교수가 됩니다. 그러고는 누구나 100퍼센트 다 받는 정년보장을 받을 때까지만 연구하는 시늉을 해요. 어차피 머리가 굳어서 새로운 발견을 해낼 수도 없습니다. 그냥 시늉만 하다가 정년을 보장받으면 바로 나가떨어지는 거예요. 옛 경기고 출신들은 자기가 바로 그런 사람들이라 뭐가 문제인지를 발견하지 못해요. 그런데 아직도 그 사람들이 모든 과학정책을 좌지우지하고 있어요. 발상의 전환이 필요합니다.

대한민국을 움직이는
네트워크

弟 두식 경기고 출신들이 많이 모여 있는 서울대의 일부 학과에서는 평준화 세대에게 주도권을 잘 넘겨주지 못한 이야기도 들은 적이 있어요. 학과장 자리 하나도 77학번 이후로 넘어가는 게 쉽지 않았다는 겁니다. 의사결정은 자기들이 해야 한다는 명문고 출신들의 생각 못지않게 큰 문제는 평준화 세대에 대한 그분들의 깊은 불신입니다. 이런 현상이 학계에만 국한된 것은 아니에요. 과학뿐만 아니라 정치·경제·사회·문화 전분야가 다 그래요. 심지어 진보진영이나 시민단체도 경기고를 비롯한

비평준화 시대 명문고 출신들의 그늘에서 쉽게 벗어나지 못해요. 김대중, 노무현 정권을 지나면서 민주주의가 크게 진전된 것은 사실이지만 엘리트 중심의 사고는 오히려 강화된 게 아닌가 싶기도 해요. 진보진영이나 언론계 내부에도 과거 명문고 출신들의 네트워크가 작동된다는 점에서는 보수와 다를 게 없는 것 같아요.

우리 시대 대표적인 시민운동가라면 누가 뭐래도 지금 서울시장인 박원순 변호사를 꼽을 겁니다. 참여연대, 아름다운 재단, 희망제작소로 이어지는 그의 궤적은 그대로 한국 시민운동의 역사니까요. 제가 2008년에 『불멸의 신성가족』을 쓰기 위해서 당시 안국동에 있던 희망제작소에 방학 내내 출근한 적이 있어요. 점심식사를 마치면 희망제작소의 친구들과 북촌 일대를 산책하곤 했죠. 산책하다보면 참여연대가 있던 안국빌딩과 아름다운 가게를 지나쳤어요. 참여연대는 용산에서 시작되어 지금은 서촌에 건물을 지었지만 제 기억 속에 가장 오래 남아 있는 장소는 안국빌딩입니다. 10년 정도 한자리에 있었으니까요.

여기저기 남아 있는 박변호사님의 흔적을 보면서 이런 의문을 품게 됐습니다. 참여연대, 아름다운 재단, 희망제작소 등 박원순 변호사가 만든 단체들은 왜 모두 이 골목에 자리 잡았을까? 금방 답이 나오더라고요. 안국동 로터리 종로경찰서 앞에서 골목으로 좀 들어가면 정독도서관이 있잖아요. 옛날 경기고 자리에 세워진 도서관이죠. 박변호사님은 지금도 가끔 경기고 다니며

화동 언덕 오르내렸던 이야기를 하세요. 우리 시대 대표적인 시민운동가에게도 경기고는 마음의 고향인 거죠. 2012년 박변호사님의 서울시장 선거캠프도 역시 안국빌딩에 자리를 잡았습니다. 박변호사님께 직접 여쭤본 일은 없으나 마음의 고향에 대한 애착이 북촌을 그의 근거지로 삼게 만든 것 아닌가 싶습니다.

돈 많은 친구들이 밥 사겠다고 박변호사님을 가끔 찾아오면, 박변호사님은 시민단체 동료들을 위해 한턱 내라고 부탁을 하셨다고 해요. 물론 돈 많이 번 친구가 시민운동하는 친구를 찾아와서 수십명의 동료들에게까지 밥을 사준 건 미담이죠.

그런데 한번 생각해보세요. 만약 제가 시민운동을 시작했을 때 저의 고등학교 동창 중에 단 한명이라도 그렇게 와서 수십명의 식사를 사줄 수 있을까? 솔직히 저는 그런 동창이 없어요. 나름 평준화 시대 명문고 출신인 형도 크게 다르지 않을 거예요. 저는 박변호사님뿐만 아니라 70년대 운동권 출신인 시민운동 지도자들의 가장 중요한 네트워크는 고등학교 친구들이었을 거라고 생각해요. 그것도 비평준화 명문고 출신이 누리는 특권이죠. 박원순 변호사 같은 분은 그 네트워크를 굉장히 좋은 쪽으로 활용한 예이고. 개인의 한계라기보다는 세대의 한계로 봐야 할 겁니다.

형
대식   비평준화 명문고 출신들은 그런 네트워크를 통해 나라를 움직이는 게 당연할 뿐만 아니라 그래야 한다고 생각해요. 그런 네트워크가 사라지면 나라가 엉망이 된다고 믿는 거죠. 그러면서 바로 경기고 얘기를 하기는 곤란하니까 맨날 영국의 이튼스쿨 얘기를 합니다. 경기고 출신들은 늘 스스로를 한국의 이튼 출신이라고 생각하며 살아온 것 같아요.

고등학교 평준화가 계속 이어졌다면 우리 세대 안에도 네트워크는 생겼을 겁니다. 워낙 평준화 유지 기간이 짧았기 때문에 그게 안 된 거예요. 그래서 우리 세대가 비평준화 명문고들을 이겨내지 못한 거고요. 재미있는 게 노무현 정부 내내 경기고 출신들에게 제가 가장 자주 들었던 이야기가 "어쩌면 청와대에 아는 사람이 하나도 없냐?"였어요. 그런데 청와대만 그랬지 관료사회는 여전히 경기고로 상징되는 비평준화 명문고가 잡고 있었어요. 청와대에 들어간 83학번 몇명이 열심히 뛴다고 어쩔 도리는 없었을 거예요. 그 거대한 관료사회를 어찌할 수 없으니 진보적인 정책이 나올 리가 없죠. 그냥 우리 세대가 진 거예요. 그래서 다시 옛날 사람들이 득세를 하게 된 거고. 패배를 인정해야죠.

㉃
두식 자기 네트워크가 없는 차세대 운동가들은 결국 경기고가 만들어놓은 네트워크의 잔재를 주워 먹고살 수밖에 없어요. 결국 모든 문제는 돈으로 귀결되는데 돈을 모을 능력도 의지도 없으니까요. 그것도 따지고 보면 실력 부족이죠. 신선한 정책을 만들어 밀어붙일 능력만 부족했던 게 아니에요. 386이라고 불렸던 세대가 정권을 움직였던 시기에 확실한 실력을 보여줬다면 우리 사회가 훨씬 큰 폭으로 변했을 겁니다. 운동권의 실패라기보다는 평준화 세대의 실패 아닌가 싶어요. 그래서 결국 특목고로 대표되는 비평준화 시대로 사실상 회귀하게 된 거고요.

대식　이러한 세대 간 문제가 학계에 끼친 영향을 좀더 얘기해보겠습니다. 이해가 쉽도록 가상의 두 인물을 예로 들어볼게요. 경기고를 나온 A교수는 자기 제자를 전국 여러 대학의 교수로 만든 실력자입니다. 외국의 지도교수와도 평생 종속적인 관계를 유지했어요. 그의 10년 후배인 뺑뺑이 세대의 B교수는 자기 박사 중에 교수된 사람도 없고 학생도 별로 없는 사람입니다. 딱 저 같은 사람이죠. B교수는 늘 A교수의 비위를 맞추며 살아갑니다. 평소에는 별 존재감이 없다가 교수회의 등에서 A교수와 같은 입장을 표명할 때는 이상하게 목소리가 커지고 말도 많아집니다. 어떤 의견을 얘기했다가 저쪽에서 A교수의 얼굴이 조금이라도 일그러지는 걸 보면 B교수는 바로 움츠러듭니다. 그런데 B교수가 밖에 뭐라고 얘기하고 다니는 줄 아세요? "나는 A교수를 통해서 내 생각을 관철하고 있을 뿐이다!" 즉 자기가 A교수를 조종하고 있다는 거예요. 스스로 거짓말을 하는 겁니다. 그리고 이렇게 덧붙이죠. "A교수는 원래 자기 생각이 별로 없는 어른인데, 학교가 잘 돌아가도록 하기 위해서 내가 A교수를 이용하는 것이다. A교수가 자기 생각을 얘기하고 있는 것처럼 보이지만 사실은 그 생각도 내가 심어준 것이다."

이게 도대체 무슨 소리예요? 자기 스스로를 속이고 있는 거예요. 경기고를 대표하는 A교수가 바보인가요? 그럴 리가 없어요. 저는 B교수 같은 사람을 '경기고의 환관'이라고 부르고 싶어요. 연구는 하지 않고 제자도 키우지 않으면서 A교수의 비위만 맞춰서 학교 행정을 좌지우지하는 사람입니다. 그러면서 자기는 학과의 평화와 발전을 위해서 희생하고 봉사한다고 거짓말을 합니다. 비평준화 세대라 해도 이런 사람이 많아요.

이 상황을 전체적으로 조망해보면 미국의 지도교수 밑에서 성장했고 지금도 그 영향권 아래 있는 한국의 A교수가 B교수를 노예처럼 부리고 있는 겁니다. 심하게 얘기하자면 B교수는 그냥 노예가 아니라 '노예의 노예'인 겁니다. 더하고 뺄 것 없는 이중의 노예생활입니다. 엘리트주의가 낳은 비극이에요. 당사자도 노예, 그 아래 사람들도 노예!

弟 두식 형은 박사 제자 중에 교수가 수두룩하고 서울대 물리학과 교수도 있잖아요. 자기를 B교수 같은 사람이라고 하는 건 평소답지 않은 지나친 겸손 같은데요. (웃음) 아마도 B교수는 평준화 초창기 세대 사람일 거예요. 이 사람들 입장에서 보면, 자기는 초등학교 때부터 경기고를 목표로 살아왔는데 어느날 갑자기 뺑뺑이로 집 앞의 학교를 가게 된 거잖아요. 70년대

후반에 대학을 다닌 분들 중에서 이런 분들을 자주 봅니다. 경기고는 나오지 못했지만, 정신적으로는 자기도 경기고인 거예요. 물론 진짜 경기고 출신들이 이 사람을 동급으로 인정하지는 않죠. 일본식 표현이라 부적절하기는 하지만 남의 가방이나 들어주는 '가방모찌' 세대가 만들어진 거예요.

兄 대식　저도 평준화 초기입니다. 비평준화 세대와 5년밖에 차이가 없어요. 서울대 출신 중에는 86학번에나 가야 독립적으로 연구를 수행하는 뛰어난 학자들이 눈에 띄기 시작합니다. 그 세대쯤 되어야 겨우 비평준화의 어두운 굴레에서 벗어났다고 생각해요. 그런데 몇 년 안 가서 다시 과학고, 외고 세대가 나타납니다. 제대로 평준화의 열매를 거두기 전에 평준화가 끝나버린 겁니다.

弟 두식　86학번이 잘하고 있다는 건 여러모로 흥미롭네요. 서울대 학생운동권이 원래 5대 패밀리니 8대 패밀리니 하는 언더서클들에 의해 움직였잖아요. 80년대 초반 전두환 정권에 대항하면서 패밀리가 활성화되었지만 그 뿌리는 훨씬 오래전으로 거슬러올라가고 지도자들 중에는 60년대 학번들도 있어요. 즉 평준화 세대에 꽃을 피웠지만 모임의 초기 멤버들이나 정신적으로 영향을 끼친 사람들 중에는 비평준화 명문고 출신이 많았던 거죠. 이들 패밀리는 종파주의 청산이라는 명분에 밀려

85학번을 마지막으로 해체됩니다. 그래서 86학번은 앞선 세대들과 달리 자기 패밀리라는 게 없어요. 87년 민주항쟁에 열심히 참여했지만 민주화가 진행되면서 학생운동의 시대는 서서히 막을 내렸고 86학번은 이전처럼 우두머리 노릇을 해볼 기회도 없었죠. 패밀리 해체가 선배들의 영향력 단절을 의미할 수도 있지 않을까요. 논리적으로 심하게 비약해서 왕창 점프를 해보면 평준화가 완성된 86학번이 과학 분야에서 잘하는 것도 어느정도 이해가 되네요. 일반화가 거듭되는 위험은 있지만. (웃음)

'가방모찌' 문제는 교회에서도 비슷한 예를 찾아볼 수 있습니다. 기독교가 70년대에 단시간에 급성장을 했잖아요. 이 시기에 비교적 합리적인 보수 기독교 그룹에서 걸출한 인물들이 나타납니다. 온누리교회 하용조, 사랑의교회 옥한흠, 남서울교회 홍정길 같은 목사들과 서울대 손봉호 교수 등이 그런 인물들이었죠. 일종의 '큰형님'들이라고 할 수 있습니다. 그런데 이런 큰형님들의 바로 다음 세대에서는 이상하게도 인물이 나오지를 않아요. 그다음 세대도 이미 50~60대인데 이분들은 지금도 무슨 사안이 터지면 큰형님들에게 물어봐야 한다고 생각합니다. 자기 스스로 의지적인 결정을 내려본 적이 별로 없는 분들이에요. 다들 큰형님들에게 빚진 것이 있어서 큰형님들을 회고할 때면 목소리부터 울먹울먹합니다. 그래서 결국 한 세대를 건너뛰어서야 독립적인 목소리를 내는 사람들이 나오기 시작합니다. 손봉호 교수님 세대를 보면 30대 후반에 이미 한국교회 지도자 노롯을 시작해서 거의 30년 동안 영향력을 유지했습니다. 나이 차가 크게 나지 않는 바로 다음 세대에서는 그런 지도자가 나올 방법이 없었죠. 학계에서는 비평준화 명문고의 마지막 세대들이 그런 영향력을 오래 유지했던 것 같습니다.

兄
대식　그것도 재미있는 설명이네요. 왕후장상의 씨는 따로 없어요. 이 문제는 '가방모찌' 노릇을 한 개인들의 책임이 아니에요. 그냥 그 세대가 짊어진 한계이기 때문에 욕할 수도 없어요. 저 같은 경우에는 그런 가방모찌 노릇도 제대로 못한 게 아닌지 반성할 때도 있습니다. 큰형님들에게 가방모찌로도 선택을 받지 못한 거죠. 연구도 못하고 인간성도 나쁘니까. 그래서 이렇게 까대고 욕하는 거예요. (웃음) 그것밖에는 살길이 없어!

弟
두식　우리가 그냥 경기고라고 통칭해서 그렇지 이게 경기고만의 문제는 아니죠. 서울고, 경복고, 용산고, 경남고, 부산고, 경북고, 전주고, 대전고, 광주일고, 광주고 등 지역마다 이런 학교들이 존재하니까요. 평준화와 관련해서는 지역 간 차이도 무시해서는 안 됩니다. 74년에 서울, 부산, 75년에 대구, 인천, 광주, 79년에 대전, 전주 등으로 평준화는 순차적으로 확산되었어요. 대도시가 아닌 지역의 경우에는 비평준화가 훨씬 길게 존속되었습니다. 제 친구들 중에도 당시 비평준화였던 강릉고 출신들 보면 자부심이 대단하거든요. 평준화가 제대로 자리 잡기도 전에 특목고 열풍이 시작되었으니까 평준화 세대라는 게 몇몇 대도시 사람들 이야기일 수도 있어요. 동질성을 갖는 집단이 그만큼 적다는 거죠. 오늘은 그냥 경험적으로 관찰한 것을 바탕으로 대충 이야기를 던져본 건데 사회과학자들이 좀더 정밀한 연구를 해주었으면 좋겠습니다.

15세에 인생을 결정하는 사회

弟 두식 고등학교 때 공부 잘한 애들이 과학도 잘할 거라는 믿음은 잘못된 거라는 논의에서 시작해 어쩌다보니 비평준화 명문고 출신들의 엘리트주의 비판으로 이야기가 흘렀네요. 저는 고교에 입학할 즈음인 15세에 인생이 결정되도록 하는 제도는 무조건 잘못이라고 생각합니다. 주변 다른 사람들을 불행하게 만들 뿐만 아니라, 엘리트로 선발된 본인들도 행복하지 못해요. 형이 얘기하는 것처럼 너무 일찍 번아웃되는 문제도 있고요.

兄 대식 그렇습니다. 특목고니 뭐니 해서 고등학교에 입학하는 시기에 인생이 결정되도록 하는 씨스템은 잘못된 거죠. 그런데 우리나라는 왜 이렇게 빨리 인생이 결정 나는 씨스템을

갖게 됐을까요. 조선시대 평균수명을 생각해보면 답이 나와요.

다들 알다시피 조선시대 평균수명은 정확히 계산할 방법이 없습니다. 영유아 사망률이 워낙 높았고 백성들이 몇살에 죽었는지 알 방법이 없으니까요. 영유아 사망을 합치면 평균수명은 보나마나 20대로 내려갈 겁니다. 영유아 사망을 빼고 생각해도 평균수명은 35세에서 40세 정도로 나올 거고요. 서울대 의대 황상익 교수도 35세 또는 그 이하였을 거라고 추정치를 내놓았더군요. 81세 5개월을 산 영조는 지극히 예외적인 경우이고 왕들의 평균수명도 46세에 불과했어요. 가난과 기아에 시달린 일반 백성들의 수명은 훨씬 짧았겠죠.

조선시대 평균수명이 35세인 상황에서 누군가가 15세에 장원급제해서 팔자를 고치는 것은 별로 이상한 일이 아닙니다. 갑신정변에 뛰어든 김옥균, 박영효, 서광범, 홍영식, 서재필 등의 나이가 20~34세입니다. 윤치호는 19세였어요. 인생의 정확히 절반쯤 되는 시기에 승부수를 던진 셈입니다. 과거든 정변이든 인생의 절반까지 열심히 노력한 열매를 나머지 절반에서 따 먹는 거라고도 볼 수 있습니다.

그런데 지금은 어떻습니까? 최근 통계청이 발표한 것에 따르면 지금 태어나는 애들의 평균수명은 남자 77.9년, 여자 84.6년입니다. 남녀 합치면 81.4년이 나와요. 의학의 발전 속도를 생각하면 이보다 더 오래 살 수도 있습니다. 조선시대와 비교할 때 수명이 두세배가 늘어난 거예요. 15세에 인생이 결정되는 게 정말 말도 안 되는 시대가 오고 있는 거죠. 평균수명을 기준으로 역산한다면 인생이 결정되는 시기를 40세 정도로 늦춰야 합니다. 그게 무리라면 최소한 대학교육이 끝나는 시점으로 미룰 수는 있지 않을까요? 학문 분야라면 대학원 시절에 보여준 능력을 중심으로 평가하면 됩니다. 그것만 해도 지금보다는 대략 10년쯤 삶에 여유를 주는 거예요. 수명이 연장된 만큼, 인생을 결정하는 시기도 변해야 해요.

이런 엄청난 변화에도 불구하고 엘리트주의자들은 지금도 15세 고교 입학할 때 인생을 결정하자고 해요. 출신 고등학교를 보고 대학에서 학생을 선발하고, 출신 대학을 보고 기업이나 대학원에서 사람을 뽑습니다. 뒤늦게 공부를 시작한 사람에게는 기회가 주어지지를 않아요. 번아웃된 애들에게만 무조건 유리한 제도들입니다.

弟
두식　　앞서 형이 "1등이란 단순히 공부를 잘하는 게 아니라 다른 아이들을 정신적으로 제압하는 것"이라고 얘기했잖아요. 그 기술을 형만 가지고 있었던 게 아닌 모양이에요. 비평준화 세대 엘리트들의 그 기술이 형보다 더 나았으면 나았지 못하지는 않았겠죠. 어쩌면 그 세대 엘리트들은 고교 졸업 이후 평생 동안 그 기술로 다른 사람을 제압하면서 살았는지도 몰라요. 다른 사람들은 당연히 자신은 그들보다 못하다는 생각으로 2등 자리도 감지덕지했을 수 있고요. 기세로 자리를 선점하고 다른 사람들이 절대 자기들을 넘볼 수 없는 씨스템을 구축한 거죠. 그게 엘리트주의예요. 기초과학뿐만 아니라 사회 전체가 기회를 고루 나눌 방법을 찾아야 해요.

8장

—

새로운 공부를 제안한다

대학의 위기,
어디까지 진실인가

弟
두식　　독립적인 사고의 중요성을 많이 얘기했지만 사회 전반
의 공격적인 분위기 때문에 여전히 자기 생각을 드러내
기가 쉽지 않아요. 이런 공격성은 학벌주의와도 관련이 있어요.
어렸을 때는 누구나 자기가 서울대에 갈 거라고 기대하잖아요.
부모의 욕망, 선생님의 욕망, 친구의 욕망을 자기 것으로 받아들
인 결과죠. 그러나 그 꿈을 이루는 사람은 극소수이고 대학입시
가 끝나면 대부분의 학생들은 깊은 패배감에 휩싸여 알 수 없는
분노를 느끼게 됩니다. 제가 『욕망해도 괜찮아』에서 소개한 르
네 지라르의 이론에 따르면 욕망의 좌절과 무한경쟁은 사람들
을 갈등과 폭력으로 몰고 가요. 누군가를 희생양으로 삼아 주기

적으로 피를 보아야 그 갈등과 폭력성이 잠시나마 해소되죠. 희생양을 잡은 효과가 그리 길지 않기 때문에 사람들은 또다른 희생양을 찾아나서야 하고요. 희생양을 찾는 사냥꾼으로 넘쳐나는 사회라 지식인들이 극도로 말조심을 하게 된 것도 충분히 이해할 수 있습니다. 자기 목소리를 갖기도 어렵지만 그걸 말로 표출하기는 더 어려워졌어요.

兄
대식
그 얘기도 검증해봐야 해요. 토머스 제퍼슨하고 존 애덤스가 붙었던 200년 전의 선거를 생각해보세요. 제퍼슨이 여자 노예와의 사이에서 애를 낳은 게 마구 폭로되고 온갖 추문으로 선거가 얼룩졌어요. 옛날 신문 보면 지금보다 더 살벌한 때도 많았죠. 심지어 정치인들이 결투하다가 죽기도 하고.

弟
두식
알렉산더 해밀턴이 뉴욕 주지사 선거 관련해서 정적이랑 논쟁하다가 결투가 붙어 총에 맞아 죽은 사건은 유명하죠. 총기 소유가 금지된 덕분인지 우리나라에서는 논쟁을 하다가 서로 죽이는 일은 거의 없어요. 이승만이 정적인 최능진, 조봉암을 누명 씌워 죽이거나 김일성이 박헌영을 제거한 예가 있지만 독재가 오래 지속된 것치고는 자기 손으로 정적을 죽인 사례가 생각만큼 많지 않죠. 70년대 칠레나 아르헨티나에서는 훨씬 끔찍한 일이 벌어졌잖아요.

우리나라 사람들이 서로 손가락질은 하지만 실제로 죽이지는 않아. 죽이지 않는 사회이기 때문에 삿대질을 할 수 있는 거예요. 죽이는 사회에서는 삿대질을 할 수가 없어. 잘못 삿대질했다가는 칼이나 총에 맞아야 하니까. 서부시대에는 얘기가 오가다가 총을 꺼내서 방아쇠를 당기면 그걸로 끝이었어요. 칼을 쓰는 일본도 마찬가지예요. 그래서 조심스럽게 늘 웃고 서로 예의를 지키는 나라가 됐다고도 볼 수 있지. 말로만 죽자 하고 싸우는 우리 문화도 그리 나쁘지 않아요.

전쟁 세리머니를 화려하게 하지만 실제 싸움에서는 피차 한두 명 죽이고 간단히 끝내는 원시부족들이 있잖아요. 그것과 비슷해. 진짜 싸움이 벌어지면 상대방을 다 죽이거나 자기가 죽어야 하니까 전면전은 피하거든. 우리나라 인터넷 상황이 역사적으로 볼 때 최악은 아니에요. 옛날 같으면 사약을 받았을 상황인데 지금은 그래도 목숨을 유지한 채 재기의 기회를 노릴 수 있으니까요. 다만 자살률이 너무 높은 건 문제죠. 남을 죽이지 못하는 대신 자기가 죽는 문화가 만들어졌어요. 그런데 조선시대 살던 사람에게 우리 시대에 와서 살라고 해봐. 천국이라고 할 거야. 인구의 절반이 굶어 죽기도 하던 시대하고 우리 시대를 어떻게 비교하겠어요. 인류의 역사라는 긴 흐름으로 보면 우리 시대가 그래도 괜찮은 편이에요. 자기 목소리를 갖고 토론을 벌이기에 그리 나쁜 환경은 아니라는 얘기죠.

弟
두식 많은 자살이 실제로는 사회적 타살이에요. 총과 칼로 남의 생명을 끊지 않으니 그나마 다행이라고 자위하기에는 너무 심각한 상황이죠. 공격적 문화의 원인을 파악하고 분위기를 바꿔볼 필요는 있어요. 그러고 보면 형은 우리 사회가 처한 상황이 전체적으로 그리 나쁘지 않다고 생각하는 것 같네요. 이공계의 위기가 과장됐다고 생각하는 것도 같은 맥락이죠? 저는 그래도 대학에서 철학과, 불문학과, 독문학과 등 인문학 분야가 사라지는 상황은 심각하다고 생각해요.

兄
대식 그러고 보면 동생 얘기도 상당히 일관성이 있어. 맨날 희생자 얘기만 하잖아. (웃음) 인문학의 위기도 통계적으로 정확한 근거가 뭔지 찾아볼 필요가 있습니다. 연구중심 대학과 교육중심 대학이 갈리는 미국의 경우 교육중심 대학에 철학과가 얼마나 남아 있는지부터 알아봐야겠죠. 우리와 크게 다르지 않을 겁니다. 인문학의 위기, 이공계의 위기를 말할 때 단순히 학생 숫자나 교수 숫자, 학과의 규모만 놓고 이야기해서는 안 돼요. 독일의 경우 매년 물리학과에 200명의 학생들이 들어옵니다. 그렇다고 물리학의 전성시대냐? 아니거든요. 물리학을 시작한 나라이기 때문에 학부의 규모가 큰 것뿐이에요. 학부에서는 다들 물리학을 하지만 대학원에서는 세부 전공으로 찢어집니다. 전세계적으로 교육이 대학원 중심으로 바뀌고 있다는 게 핵심입니다. 과거에는 대학생이 되는 것만으로 엘리트 대접을 받았지만 지금은 아니에요. 자신들이 다녔던 학과가 없어진다는 이유만으로 교수들이 인문학의 위기라고 말하는 건 동의하기 힘들어요. 지나치게 교수 위주로만 생각하는 거죠.

弟
두식

이른바 비인기학과를 통폐합하는 과정이 너무 무계획적이고 폭력적이에요. 신입생 모집에 문제가 없는데 취업률을 이유로 학과를 폐지하는 경우도 있어요. 취업률을 가지고 대학 평가를 하다보니 좋은 점수를 받기 위해서 학교들이 알아서 학과 문을 닫는 거죠. 도대체 취업률이 낮다고 연극학과 문을 닫게 하는 나라가 세상에 어디 있어요. 대기업 가겠다고 연극학과 간 애들이 아닌데.

대학 평가가 엉터리인 걸 알면서도 그 기준에 맞추기 위해서 교육이 왜곡되는 경우가 많아요. 영어 강의 숫자로 점수를 내니까 대학들은 억지로 영어 강의를 개설하고 결국 우리말로 해도 못 알아들을 전공 강의를 영어로 진행하는 코미디가 벌어져요. 영어 강의 숫자는 늘려야 하는데 기존의 교수들이 아무도 영어 강의를 원치 않으니까 신임 교수들이 다 뒤집어쓰기도 하죠. 신임 교수를 뽑을 때 아예 영어 강의 가능 항목을 명시하는 학교도 있어요. 그렇게 뽑아야 선배 교수들은 영어 강의를 하지 않을 수 있거든요. 독문과와 불문과가 억지로 간판을 내리는 비극의 이면에서 교수와 학생이 진땀을 흘리면서 무의미한 영어를 주고받는 희극이 벌어지는 거야. 처음에는 희극으로 다음에는 비극으로! 대학에서 독문과가 없어지니 고등학교에서도 독일어가 사라져서 제게 독일어를 가르쳤던 선생님은 지금 일본어를 가르치고 계시더라고요. 제가 고등학교 때 독일어를 배워서 손해 본 게 있냐 하면 하나도 없거든요. 그런데 어느날 갑자기 이제는 독일어가 아니라 일본어다 선언하고는 몇달 교육시켜서 독일어 선생님을 일본어 선생님으로 바꾼 거예요.

학교 단위에서만 일어나는 일이 아니에요. 교육정책 자체가 아주 이상한 기준으로 결정돼요. 총장직선제를 하는 국립대에는 예산 배정에서 불이익을 주겠다고 하는데 도대체 예산하고 총장 선거가 무슨 상관이 있냐고요. 총장 선임절차에 관한 교수 총투표를 진행할 때 교육부에서 파견된 관료가 "조교든 누구든 이 투표에 협력해서는 안 된다"라는 공문을 전직원에게 보내기도 해요. 안하무인이죠. 하루하루 연구실적을 채우는 데 정신이 없는 교수들은 학교의 주인이 관료들로 바뀌는데도 신경 쓸 여유가 없어요. 총장과 그 측근들은 "교육부 돈을 받아야 하기 때문에 도리가 없다"라면서 직선제 폐지의 앞잡이가 되고.

兄
대식   교육정책이 졸속으로 결정되는 이유는 내가 알지. 간단합니다. 우리나라는 행정고시 붙은 공무원들, 고위관료들에게 해외연수의 기회를 줍니다. 교수들에게 연구년을 주는 거랑 비슷해요. 다수의 공무원들이 행정대학원으로 유명한 위스콘신대 아니면 버클리대를 갑니다. 거기서 1년 동안 온갖 이야기를 주워듣고 와요. '어? 미국은 총장직선제가 아니네. 학부도 우리와 다르네. 미국은 추천서나 집안이 중요하네. 케네디처럼 집안이 좋으면 무조건 하버드대를 가네.' 뭐 이런 걸 보고 와서는 덜 떨어진 아이디어로 나라를 흔드는 거야. 그 결과 우리나라가 잘해온 것들까지 다 망쳐버리는 겁니다. 뺑뺑이 돌려서 고등학교를 가는 평준화, 시험으로 대학을 가는 간소한 입시제도가 뭐가 문제야!

弟
두식 　 미국의 겉만 보고 그 제도를 우리나라에 이식하려다가 망한 건 공무원만의 문제가 아니죠. 자기 목소리 없이 남의 것을 베껴 손쉬운 해결책을 마련하려는 사람들 모두의 문제예요. 우리도 완전히 자유롭다고는 할 수 없고요. 얘기가 또 자기 목소리의 중요성으로 돌아왔네요. 무슨 도돌이표 같아! (웃음) 사회적 생명을 끊을 것처럼 살벌한 공격과 논쟁이 벌어지지만 생물학적 생명을 끊지는 않는다, 이 정도면 괜찮은 환경이다, 주위를 두려워하지 말고 자기 목소리를 내자는 걸로 이 얘기는 일단 정리하도록 할게요.

소수의 엘리트가
과학을 이끈다는 신화를 깨라

弟
두식
　이제 슬슬 마무리해야 하는데요. 좀 정리하는 의미로, 창의성을 키우는 나라, 제대로 공부하는 학교가 되기 위해서 지금 할 수 있는 일은 뭐가 있을까요.

兄
대식
　생각의 방향을 전환해야죠. 예를 들어 진짜로 노벨상을 타고 싶으면 이제 노벨상 이야기는 그만해야 합니다. 노벨상 탈 영재를 만든다고 어린애들에게 억지로 수학 과학 공부를 시키면 시킬수록 노벨상은 우리에게서 멀어져요. 번아웃 되어 30대에 나자빠지는 과학자들만 양산되니까요. 훌륭한 과학자를 만들려면 기초과학에 폭넓은 투자를 하고 어린애들은 좀 놀게 놔둬야죠. 장원급제 DNA와 장인 DNA를 구분할 필요도 있어요. 장원급제 DNA를 가진 사람들, 전교 1등만 한 사람들에게 과학의 미래를 걸던 시대는 이쯤에서 마감해야 합니다. 해외유학도 그만 보내야죠. 국내에서 박사 딴 사람들에게 우선권을 주고 자기 집을 짓도록 북돋아주어야 해요.

弟
두식
　'한국인'이 아니라 '한국에서 박사를 딴 사람'이 노벨상을 타야 한국의 노벨상이라는 형의 이야기가 인상적이었습니다. 미국에서 박사학위 받고 미국 인프라를 가지고 연구해서 노벨상을 받는다 해도 우리 학문의 발전과는 아무 상관이 없다는 이야기였죠. 전교 1등 하는 학생들이 법대나 의대로 진학하는 걸 이공계나 인문학의 위기라며 호들갑 떨 필요가 없다는 이야기도 발상의 전환이었어요. 장원급제 DNA를 가진 젊은이, 너무 일찍 탈진한 전교 1등은 법률가나 의사가 되는 게 맞다는 얘기도 했죠. 저도 동의하지만 개인적으로 살짝 억울했어요. 저처럼 영의정이 되려는 꿈도 없이 그냥 어쩌다 법률가가 된 사람도 있거든요. 중·고등학교 때 탈진할 만큼 열심히 공부한 적도 없고요. 지난번에 제가 장원급제 DNA의 전형이라고 너무 쉽게 인정한 게 후회되더라고요. 누가 들으면 욕할 것 같아요. 공부를 썩 잘해본 적도 없으면서 잘난 척한다고요. (웃음)

兄 대식 어차피 누군가에게는 이 책 자체가 잘난 척으로 보여. 변명해도 소용없어. 그러니 걱정할 필요도 없어!

弟 두식 차라리 '꼴찌부터 세계적 과학자까지' 제목을 달고 책을 내면 잘 팔리기라도 할 텐데. (웃음)

兄 대식 꼴찌 아니라니까. 초등학교 때 반에서 20등 안에 못 들었을 뿐이지… 세계적 과학자도 아니고. 책 팔려는 욕망 때문에 과장하면 안 돼!

장원급제 DNA를 가진 사람들,
전교 1등만 한 사람들에게 과학의 미래를 걸던 시대는
이쯤에서 마감해야 합니다.

弟 그렇네. 어쨌든 이 책이 '과학은 소수의 엘리트가 이끈
두식 다'는 신화를 깼으면 좋겠어요. 1등의 얼굴만 바라보는
건 이제 그만해야죠. 뺑뺑이 평준화의 장점도 되살려야 합니다.
전교 1등하고 날라리, 깡패가 함께 어울리는 환경에서 창의성이
나온다는 얘기도 다시 강조하고 싶어요.

兄 여전히 과학고는 필요하다는 분이 있을지 모르겠는데
대식 그것도 없애야 합니다. 그래야 좋은 과학자를 만들 수
있어요. 고등학교 2학년 때 카이스트나 서울대 가는 애들은 우
리가 흔히 생각하는 과학계의 천재가 아니라 우리 입시제도에
서 번아웃된 희생자들입니다. 더이상 희생자를 만들면 안 되죠.
  다양한 입시제도가 실제로는 대학교수를 비롯한 기득권층 자
녀들의 명문대 입학을 보장하는 통로로 활용되는 현실도 타파
해야 합니다. 통계로 확인하지 못했고 확인할 방법도 없지만 창
의 전형이니 뭐니 하는 명문대 합격생의 절반 이상은 보나마나
교수 자제들일 거예요. 이런 불평등이 나라를 말아먹고 있습니
다. 근본적으로 대입 전형을 교수와 대학에 맡긴 게 문제예요.
고양이에게 생선을 맡긴 격이죠. 교수 자제들에게 유리한 입시
제도를 만들어놓고 그게 들킬까봐 생색내려고 빈곤계층을 위
한 여러 제도를 찔끔찔끔 마련하다보니 제도만 복잡해졌어요.
대학입시는 최대한 단순화해야 합니다. 점수 한 방으로 끝내야
해요.

弟
두식 더 평등한 제도를 통해 우수한 인재를 양성할 수 있다는 데 전적으로 동의해요. 평준화도 좋습니다. 이번에 형과 이야기를 나누면서, 학력고사와 수능 중에 어느 것이 우리 형편에 맞는지 원점에서 재검토할 시점이 됐다는 생각을 했어요. 학력고사도 해보고 수능도 해보고 데이터도 충분히 쌓였으니 이제 그 공과를 비교해볼 수 있을 거예요. 물론 입시제도라는 게 워낙 거대한 전환이라 바꾸는 데 따른 부담은 고려해야겠죠. 당장 시급한 건 입시제도의 단순화예요. 부모가 머리를 싸매고 공부해도 도저히 따라갈 수 없는 복잡한 제도는 바로잡아야죠.

兄
대식 저도 학력고사만이 살길이라고 얘기하는 건 아니에요. 학력고사든 수능이든 시험 한번으로 대학을 가는 게 중요합니다. 대학 서열화와 입시 경쟁 등 피할 수 없는 현실을 솔직하게 인정해야 해요. 지금까지 입시 개혁한다고 벌인 일들이 대학 서열화를 없애는 방향도 아니었어요. 상황은 오히려 더 나빠졌어요. 점수로만 대학을 가던 시절에도 부잣집 애들이 과외를 많이 해서 점수가 높았을 겁니다. 그렇다고 점수 아닌 다른 걸로 대학에 가게 했더니 입시만 복잡해지고 결과적으로 부유층에게 더 유리해졌어요. 부유층이 과외 많이 해서 점수가 조금 높은 것도 인정해야 해요.

진보언론에서 강남의 높은 사교육비와 주택문제들을 열심히 비판했습니다. 그 결과가 뭔지 아세요? 사람들이 강남에 있는 학원으로 더 몰리게 됐어요. 전세를 얻어서라도 기를 쓰고 학원 주변으로 이사 가는 사람들이 생긴 거예요. 강남 학원 가면 점수가 오른다는 걸 오히려 선전해준 셈이죠. 잘사는 집에서 교육비를 열배 쓴다고 진보언론에서 문제를 제기해요. 부잣집에서 교육비를 더 쓰는 건 당연한 일이에요. 그래서 어쩌라는 말입니까.

그런 기사는 가난한 집 애들의 공부 의욕을 꺾어요. 진보언론 기자들이 대부분 명문대 출신이기 때문에 자기 애들은 학원 잘 보내면서 가난한 아이들 마음만 아프게 하잖아요! 진짜 가난한 사람들의 마음을 제대로 이해하고 쓴 기사가 아니에요. 진보언론 기자들은 애들을 학원에 안 보냅니까? 부잣집에서 100만원짜리 과외시킬 때 진보언론 기자들은 그나마 10만원짜리 과외라도 시킬 수 있기 때문에 그런 소리를 하는 거예요. 하지만 그 기사가 만원짜리 학습지라도 계속하기를 원하는 사람들의 희망을 꺾어요. 그런 기사들 때문에 입시제도를 계속 바꿔왔지만 정작 가난한 애들에게 유리해진 게 있나요? 전혀 없어요. 좋은 대학을 가겠다는 부모와 학생들의 열망이 살아 있는데 입시제도만으로 모든 게 개선될 수는 없어요. 인정할 건 인정해야죠. 서열화 문제는 입시제도와 별도로 서울대 개혁과 지방 국립대 살리기 등 다른 방법을 찾아야 합니다.

모든 문제의 출발은
고등학교 성적 기득권

弟
두식
진보든 보수든 언론이라면 교육비의 불평등 문제를 지적하지 않을 도리가 없어요. 결과적으로 부자들에게 유리한 입시제도가 마련됐다고 해서 문제 제기한 기자들에게 책임을 돌릴 수도 없죠. 만원짜리 학습지라도 하려는 사람들에게 희망을 주어야 한다는 말씀은 맞아요. 그런데 그런 방법을 찾기가 쉽지는 않습니다. 형이 생각하는 서울대 개혁은 어떤 건가요? 서울대 개혁 얘기는 서울대 출신이 해야 먹혀들잖아요. (웃음)

兄
대식
우리 과에서 자타가 공인하는 머리 좋은 교수 한 분이 언젠가 이런 말을 했어요. "나에게 모든 권한을 주면 부동산 가격은 잡을 수 있을 것 같다. 그런데 교육 문제는 자신 없다." 교육에는 그만큼 답이 없습니다. 서울대 문제도 마찬가지고요. 서울대에 20년 재직하면서 저 혼자 거칠게 생각해본 방안은 있어요.

먼저 문제가 어디에서 시작됐는지부터 짚어봐야죠. 서울대가 우리 교육에서 차지하는 높은 위상은 대학원에서 연구를 잘해서 획득한 게 아니에요. 고등학교 성적이 좋은 학생들을 학부에 받아들임으로써 유지되어온 위상일 뿐이에요. 서울대 교수의 사회적 지위도 똑같아요. 자신의 훌륭한 연구실적 때문이 아니라 고등학교 때 좋은 성적으로 서울대 학부에 진학했던 것, 지금도 고등학교 성적이 좋은 학부생들을 가르치고 있는 것, 딱 그걸로 인정을 받아온 사람들이에요. 고등학교 성적에서 얻은 기득권, 이게 모든 문제의 출발입니다. 거기에 덧붙여 갈수록 집안 좋고 돈 많은 학생들이 서울대 학부생의 다수를 차지하는 문제도 있죠. 사회 발전단계상 어쩔 수 없다고 넘어가기에는 너무 심각해요. 계층이 고착되고 기회가 박탈된 결과 100년 전에 나라를 빼앗기지 않았습니까. 지금이 그런 위기라 생각하고 대책을 마련해야 해요.

이런 인식을 기초로 서울대 입시, 학부, 대학원 개혁을 제안한다면 이렇습니다. 우선 서울대가 고등학교에서 공부를 제일 잘한 학생을 선발하겠다는 집착에서 벗어나야 합니다. 연대나 고대보다 우수한 학생을 뽑겠다는 생각을 버리고 3등 정도에 만족해야 해요. 입시제도를 크게 바꿀 필요도 없어요. 서울대가 오직 수능 점수만으로 학생을 뽑겠다고 해보세요. 수시에서 이른바 '우수한' 과학고나 외고 학생들을 연·고대로 빼앗기겠죠. 그래도 상관없어요. 서울대로서는 번아웃된 학생들을 뽑지 않아 오히려 다행이라고 생각하면 돼요. 미국의 적극적 우대조치를 본받아서 강남 3구 대신 관악구, 금천구 또는 지방 학생들 중심으로 학생을 선발하는 방안도 도입할 수 있죠. '지균충'이니 뭐니 해서 시골 출신 전교 1등을 차별하는 분위기가 있다고 했죠. 아예 서울대는 시골 출신 전교 1등을 중심으로 내신으로만 학생을 뽑는 것도 방법이에요. 내신을 어떻게 믿느냐, 연·고대에게만 좋은 일 아니냐, 서울대가 가졌던 모든 문제가 연·고대로 옮겨 갈 뿐이다, 사람들이 관악구, 금천구로 모두 이사 가면 어쩌느냐, 역차별이다, 온갖 얘기가 나오겠지만 과감하게 밀고 나가는 거예요.

서울대는 학부에서 1등을 포기하는 대신 대학원 1등, 연구 분야의 1등을 놓치지 않기로 마음먹어야 합니다. 학부 1등인 학교가 대학원도 1등이어야 한다는 법이 없어요. 가만히 앉아서 1등을 먹고 거기 안주하는 문제부터 바로잡아야 해요. BK21도 괜찮은 시도였지만 학부 중심의 대세를 거스르기에는 역부족이었어요. 서울대가 학부에서 1등 자리를 완전히 포기하되 대학원을 키우기로 하면 서울대 교수들이 엄청나게 반발하겠죠. 고등학교 성적으로 획득한 기득권의 상실을 가장 두려워하는 사람들이니까요. 모든 두려움의 70퍼센트가 거기서 옵니다. 대학원 중심으로 간다고 교수들이 연구를 그만두지는 않아요. 더 열심히 하겠죠.

미국에서는 출신 학부와 다른 대학원으로 진학하는 게 보통이에요. 독일도 마찬가지입니다. 거기에서 대학원 학벌이 만들어져요. 서울대 학부 출신이 대학원에 많이 오지 않아서 큰일이라는 걱정은 그만하고 서울대가 앞장서서 새로운 흐름을 만들어야 합니다. 대학원에서 학생을 뽑을 때도 출신 대학의 이름에 속지 말고 번아웃되지 않은 학생, 열심히 하고자 하는 의욕이 넘치는 학생을 선발해야 해요. 서울대에서 학부를 한 학생들을 어떻게 해서라도 국내 다른 대학원으로 보내야 하고요.

서울대에 대한 투자를 줄이고 지방 국립대를 살리는 정책도 필요합니다. 서울대의 등수는 내려가야 하고 지방 국립대의 등수는 올라가야 해요. 국가경쟁력을 높이기 위해서는 우리도 지방이 살아야 하니까요. 예산도 그렇게 편성해야 합니다. 지금처럼 한 대학이 모든 걸 먹는 건 나라 전체에 전혀 도움이 되지 않아요. 서울대와 지방 국립대를 하나의 씨스템으로 묶어서 통합 네트워크를 만들고 공동 학위를 주는 것도 방법입니다. 다 같이 수준을 올리는 거예요.

이런 여러가지 방법을 써봤는데도 문제가 해결되지 않는다? 그때는 서울대를 폐지해야죠. 그 정도로 심각한 위기로 받아들이고 국가적 차원에서 토론을 벌여야 합니다. 뻔한 얘기 그만하고 발상의 전환을 한다면 방법은 얼마든지 찾을 수 있어요.

弟 두식 평균수명의 연장을 고려해 인생이 결정되는 시기를 지금의 15세에서 최소한 20대 중반으로 늦추자는 형의 주장과도 일맥상통하네요. 우리가 지금까지 이야기한 고등학교의 완전 평준화, 특목고 폐지, 입시제도 단순화를 공약으로 걸고 대통령선거에서 국민의 의견을 물어봐도 좋을 것 같아요. 국민 모두의 삶과 직결되는 중요 관심사이니까요. '영재교육 포기하고

나라 망하게 하겠다는 거냐?'는 반론에 대해서는 형이 이미 충분한 근거를 제시했다고 생각해요.

兄 대식 단순히 평등 지향적인 측면뿐만 아니라 효율성 측면에서도 특목고 폐지는 의미있는 시도예요. 평등이 가장 효율적일 수 있거든요. 평등이 비효율적이라는 건 엘리트주의자들이 주입한 잘못된 생각입니다. 그런 거짓에 맞서 싸우는 게 진영 논리보다 훨씬 중요해요.

弟 두식 개인적인 차원에서는 장원급제 DNA를 가진 기득권층이 쳐놓은 심리적 장벽을 걷어내야 합니다. 우리 학교 학부생들을 보면 '내가 과연 이 공부를 해낼 수 있을까?' 고민하는 데 너무 많은 시간을 허비해요. '7급 공무원 시험을 준비하면 합격할 수 있을까? 지방 국립대 출신으로 행정고시를 붙는 게 가능할까? 사법시험은 턱도 없는 도전이 아닌가? 로스쿨에서 나를 받아주기는 할까?' 이런 고민을 하면서 황금 같은 대학 시절을 보내는 거예요. 연구실을 찾아와 상담하면서 "저 같은 애도 과연 그 시험에 붙을 수 있을까요?" 묻기도 하는데, 자기도 모르는 걸 교수인 제가 어떻게 알겠어요.

무슨 시험이든 1년을 전력 질주하면서 준비해봐야 합격 가능한지 가늠할 수 있어요. 올해는 떨어졌지만 앞으로 열심히 하면 붙을 수 있겠다는 감을 잡는 거죠. 1년을 전력 질주해봤는데도

지금까지 이야기한 고등학교의 완전 평준화,
특목고 폐지, 입시제도 단순화를 공약으로 걸고
대통령선거에서 국민의 의견을 물어봐도 좋을 것 같아요.

너무 엉망인 점수가 나왔다면 안타까워도 포기해야 해요. 어느 쪽이든 그 판단은 전력 질주해본 학생만이 누리는 값진 열매입니다. 전력 질주를 하지 않고 대학생활 내내 '나는 할 수 있을까'만 고민한 학생은 4학년이 되어 패닉에 빠져요. 아무것도 해놓은 것 없이 등 떠밀려 대학을 떠나게 되었다는 좌절감 때문이죠.

형이 앞서 정신력으로 다른 학생들을 제압하는 전교 1등의 경험을 나눴잖아요. 어쩌면 경기고로 대표되는 비평준화 세대 엘리트들이 평생 동안 그런 기술로 다른 사람들을 제압하면서 살아왔을지도 모른다는 얘기를 제가 했고요. 고등학교 때 공부 잘한 애들에게 정신적으로 제압당해온 사람들이 우리 학생들 아닌가 싶기도 해요. 서울대 들어간 애들이 별 고민 없이 장원급제를 향해 달려가는 동안 우리 학생들은 '나는 과연 할 수 있을까'를 고민하며 시기를 놓치는 거죠. 스스로 장벽을 만들고 거기 갇힌 셈이에요. 이걸 깨는 게 중요하다는 생각이 듭니다. 고등학교 때 공부 잘한 게 연구의 필요조건이 아니라는 형의 이야기가 이런 친구들에게 격려가 되었으면 좋겠네요.

대식   불평등을 해소하자는 면에서 볼 때 아이를 많이 낳는 게 개인적으로나 사회적으로나 훌륭한 대안이 될 수 있다는 생각도 들어요. 유럽에서 보면 백인 기득권자들은 애를 거의 낳지 않는 데 반해 중동에서 이주한 가난한 사람들은 애를 많이 낳아서 사회문제가 되기도 하잖아요. 그런데 그게 무슨 사회

문제예요. 기득권층 입장에서나 걱정거리일 뿐 가난한 사람이 세상을 바꾸는 가장 좋은 방법이 애를 많이 낳는 거예요. 인구 절반이 굶어 죽는 끔찍한 시대가 아니에요. 애를 낳으면 먹고사는 건 보장이 돼요. 아이 키우는 게 힘들어서 애를 많이 낳을 수 없다고 불평하지만 그것도 다 핑계예요. 인류 역사상 애 키우기에 이렇게 편하고 좋았던 시대가 없어요. 애 키우기가 힘든 게 아니라 애를 명문대 보내기 힘든 시대일 뿐이에요. 자세히 들어 보면, 사교육하는 데 돈이 너무 많이 든다, 강남 애들만 명문대를 간다, 가난한 자신이 애를 낳아봐도 명문대 보낼 희망이 없다, 그러니 낳지 말자, 이런 식이에요. 애를 명문대 보내겠다는 욕심만 버려도 애 낳아서 키우는 게 훨씬 덜 힘들 겁니다. 다행히 부자나 가난한 사람이나 똑같은 한표를 행사해요. 가난한 사람들이 인구를 늘려서 혁명을 하는 거죠! 부자들을 다 몰아내!!

㉑ **두식** 너무 멀리 나간 것 아닌가요? 더 계속하다가는 무슨 이야기가 나올지 모르겠어요. (웃음) 우리 형제의 이야기는 여기까지!

㉈ **대식** 아니, 이렇게 끝내려고? 그럴듯한 말로 마무리해야 하는 거 아니야?

㉑ **두식** 뭐라고 마무리해도 진부하다고 할 거잖아. 이 정도면

충분해. 밥이나 먹으러 가자.

대식
오케이. 동생도 좀 컸네.

두식
물론 이렇게 매일 성장하는 거지.

겁 없는 유연한 동생에게,
"앞으로도 그럴 것이다"

모교에 교수로 부임하여 19년하고도 8개월이 지났다. 이미 작년부터 피로가 깊어져서 동생과 등산할 때 종종 "어디 딴 데로 튈 데가 없냐?"라는 이야기를 했다. 그 틈을 노린 동생의 꾐에 넘어가 대담을 하게 되었고 덕분에 재미있는 시간을 보냈다. 창비 젊은 편집자들의 헌신적인 노력이 워낙 인상 깊어서 내 대학원생이나 행정요원으로 삼고 싶다는 비밀스러운 생각도 해보았다.

두살 터울에 생일도 같은 누나는 세상에 없었던 때가 기억나지 않는다. 거의 다섯살 차이 나는 동생은 태어났을 때가 확실히 기억난다. 이제 내 자리를 빼앗겼구나! 중학교 시절 동생에게

180미터 떨어진 구멍가게에 가서 초콜릿 하나를 사 오라고 시킨 적이 있다. 당돌한 초등학생 동생은 "앞으로 나를 형이라고 부르면 심부름을 해주겠노라"고 했다. 그날 장자권長子權을 팔아먹었으니 동생이 시킨 일을 하지 않을 도리가 없다.

터프한 척하지만 사실 나는 겁이 많은 사람이다. 두려움이 대인관계에서 쓸데없는 공격성으로 표출된다. 진짜 센 놈 앞에서는 못 이기는 척 굴복할 때도 많다. 사람과의 관계에서 정말 겁이 없는 것은 동생이다. 이 책의 곳곳에서 유연한 동생의 그런 겁 없음이 발견된다.

엘리트주의에 대한 평소의 생각과 서울대 폐지의 당위성을 논리적으로 주장하고 싶었다. 책의 제목도 '서울대 폐지론'으로 하고 싶었다. 그러나 막상 이야기를 풀다보니 서울대 폐지에 대한 나의 생각이 아직 충분치 못했다. 대신에 평소 까대고 싶었던 주제들은 그런대로 전달된 듯하다. 동생 덕분이다.

국내 박사들이 차별받는 현실을 이야기했으나, 최근 이공계 쪽에서 국내 박사들의 약진은 주목할 만하다. 신임 교수의 50퍼센트 이상이 국내 박사로 채워지는 학과도 흔히 볼 수 있다. 20년 전에 비하면 놀라운 발전이지만 아직도 갈 길이 멀다. 교수 중 국내 박사의 비율이 최소한 81퍼센트는 되어야 한다. 노벨상이 중요한 것은 아니지만, 한국이 굳이 노벨상을 원한다면 '한국인'이 아니라 '한국에서 박사를 딴 사람'의 노벨상이어야 함을 다시 강조하고 싶다. 그렇지 못하다면 게임은 시작도 못 한 것이다.

기업에서도 스포츠에서도 세계 정상 수준에 이른 우리나라다. 학문하는 사람이라면 분야를 막론하고 평계는 그만 대고 왜 최고가 아닌지를 반성해야 한다. 한국의 대학교수 사회는 사악하게도 미국·유럽·일본의 나쁜 점만을 수입하여 자신들이 편하게 지낼 수 있는 제도를 만들었다. 흔히 요즈음 젊은 교수들에게 논문 압박이 너무 심하다고 말한다. 정반대다. 압력이 너무 약해서 문제다. 적어도 국내 10위권 대학이라면 7년 안에 『네이처』 자매지 정도에 논문을 못 쓴 교수는 조용히 내보내야 한다. 우리만의 방법으로 창의적인 압력을 가해야 한다. 동생의 눈길이 무서워서 이런 이야기를 더 세게 하지 못한 게 아쉬움으로 남는다.

화살이 안으로 향하지 않고 밖으로 향하는 이기적인 성향 때문에 주위 사람들을 피곤하게 해왔다. 앞으로도 그럴 것이다. 엘비스 프레슬리의 사인死因은 지독한 변비였다고 한다.● 나는 아직 그럴 염려는 없는 것 같다.

2014년 4월
김대식

● Dr. George Nichopoulos *The King and Dr. Nick: What Really Happened to Elvis and Me*, Thomas Nelson 2010.

괴짜 물리학자와 삐딱한 법학자 형제의
공부 논쟁

초판 1쇄 발행 / 2014년 4월 15일
초판 7쇄 발행 / 2018년 12월 27일

지은이 / 김대식·김두식
펴낸이 / 강일우
책임편집 / 윤동희
펴낸곳 / (주)창비
등록 / 1986년 8월 5일 제85호
주소 / 10881 경기도 파주시 회동길 184
전화 / 031-955-3333
팩시밀리 / 영업 031-955-3399 편집 031-955-3400
홈페이지 / www.changbi.com
전자우편 / nonfic@changbi.com

ⓒ 김대식·김두식 2014
ISBN 978-89-364-7242-9 03300